주례사 21선

● 정흥기 지음

주례사
21선

좋은땅

머 리 말

○

   결혼은 사랑의 완성이 아니라, 새로운 사랑의 시작이고 '부부되기'의 출발점이다. 사랑은 부부가 공동으로 경영해야 하는 일생의 과제이다. 이런 성스러운 결혼식의 주인공은 신랑과 신부이다. 주례는 이 결혼식을 주재하여 진행하는 초청인이다.

   나와 배우자도 주례의 혼인서약, 성혼선언문, 부부생활에 대한 고명한 주례사를 상기하며 46년의 부부생활의 여정을 이어 오고 있다.

   결혼의 의미와 가치를 만들어 가며 그 성숙미를 더하고 있다. 이제는 고귀한 생명들이 가족으로 진화되어 가고 있다. 이런 삶의 과정을 통해 친분이 있는 지인들이 결혼식 주례를 의뢰해 왔고, 더 진지하게 결혼의 의미를 고찰하는 기회가 되었다. 동시에 부부문제 해법을 집중적으로 모색해 보는 시간들이 많아져 갔다. 그게 많은 결혼식을 주례하는 길이 되었다. 그동안 신랑, 신부들에게 인생의 지표로 당부한 주례사를 발췌하여 21편을 다듬기로 했다. 이 책을 통하여 부부들이 스스로 부부생활을 깊이 성찰하고 전망하여, 언제나 서로 지지해 주고 인정해 주는 든든한 친구가 되기를 기대한다. 아울러 주례를 맡게 되는 분들에게 참고가 되기를 바랍니다.

2020.12.21.

정 홍 기 배

목 차

주례사 1

부부생활은 여보 · 당신의 합창이다

오늘 좋은 계절, 좋은 날을 택하여 화촉을 밝히는 신랑과 신부 그리고 혼주 댁 양가에 성스러운 결혼을 진심으로 축하드립니다.

이제 신랑, 신부는 최상의 친구가 될 것을 굳게 약속하였습니다. 그리고 신랑, 신부는 서로 경쟁의 대상도, 소유의 대상도 아닌 영원한 신뢰의 관계가 되기로 계약하였습니다.

언제나 서로 격려하고, 상호 보완하면서 삶의 축복을 누리는 조화적 공동체가 되기로 만천하에 선언하였습니다.

항상 신랑, 신부는 배우자의 외적, 내적 상황을 이해하고 상호 협력하는 쌍방관계임을 명심하기 바랍니다.

훌륭한 부부생활은 완벽한 한 쌍의 남녀가 만나서 이루어지는 것이 아니라 완벽하지 못한 한 쌍의 남녀가 만나 서로의 차이를 이해하고 그 차이와 더불어 살아가면서 그 차이를 즐기는 것입니다.

신랑, 신부는 주는 사랑의 일거리를 통하여 사랑의 요소인 열정과 친밀감과 책임감을 더욱 적극적으로 키워 가기 바랍니다.

사랑의 본질은 소유양식이 아니라 존재양식입니다.

사랑한다고 해서 소유하려 한다든지 자신의 생각을 내세워 상대를 간섭하거나 억압하려 들면 사랑은 성립되지 않습니다.

또한 신랑, 신부는 배움과 용기를 가지고 거듭나야 합니다. 항상 지성과 감성이 공존하는 가정, 학습하는 가정, 합리적 의사결정을 하는 가정, 부드러운 의사소통이 이루어지는 가정, 지혜로운 가사 분담이 이루어지는 가정을 건설하기 바랍니다.

오늘 신랑, 신부의 결혼은 인생의 중요한 전환점으로 마라톤 경기의 출발선상에 서 있을 뿐입니다. 결승점에도 나란히 들어가는 멋진 인생의 동반자가 되기 바랍니다.

어쩌면 부부생활은 세월이 가면서 점차 낡고 귀퉁이가 헐어 가는 집을 하나씩 수리하듯이 고치고 또 고쳐 나가는 과정입니다.

더욱 신랑, 신부는 서로를 보배처럼 여기고 서로를 자신의 몸과 같이 여겨서 사이좋게 서로를 의지하기 바랍니다.

부부가 서로 부르는 호칭인 여보(如寶)는 같을 "여(如)"와 보배 "보(寶)"로 보배와 같은 사람이라는 뜻이고, 당신(當身)은 마땅할 "당(當)"과 몸 "신(身)"으로 마땅히 나의 몸과 같다는 뜻입니다.

신랑, 신부는 서로를 보배처럼 여기고 서로를 자신의 몸과 같이 여겨야 하는 관계임을 반드시 기억하기 바랍니다.

부부생활은 여보·당신의 합창이고 이중창입니다. 이중창의 생명은 조화에 있다는 것을 명심하기 바랍니다.

신랑은 신부의 안식처가 되고 신부는 신랑의 보금자리가 될 때, 비로소 신랑과 신부가 꾸미는 가정은 행복과 평화의 공간이 됩니다.

다시 한번 신랑, 신부의 결혼을 축하하고 축하합니다.

감사합니다.

근대 계몽주의를 정점에 올려놓았고 독일 관념 철학의 기반을 확립한 임마누엘 칸트(Kant, Immanuel, 1724~1804)는 완벽주의자였다. 자신이 정한 규칙도 철저히 지키는 사람으로 매일 아침 같은 시간에 아침 식사를 하고, 매일 같은 시간에 같은 곳에 산책하러 다녔는데, 주변 사람들은 그가 활동하는 시간을 기준으로 시계를 맞추었다는 이야기도 있다.

칸트는 젊은 시절 여자들에게 인기가 많았는데 그중 한 여성은 칸트에게 적극적으로 구애를 하며 청혼을 했지만, 칸트는 대답하지 않았다. 답답했던 여인이 칸트에게 다가와 결혼 여부를 분명히 하라고 최후통첩을 내렸다.

칸트는 '생각해 보겠습니다'라고 간단하게 말한 뒤 바로 도서관에 가서 결혼에 관한 책들을 찾아 결혼에 대해 다양한 의견을 모아 연구하며 결혼을 해야 좋을지 안 해야 좋을지를 분석했다.

그리고 결혼을 해야 하는 이유 354가지와 결혼을 하지 말아야 하는 이유 350가지를 찾아내어 면밀히 연구하고 정리했다.

마침내 장점이 단점보다 4가지 더 많으니 결혼을 해야겠다고 결심했다.

드디어 여인의 집에 찾아가 그녀의 아버지에게 '당신의 따님과 결혼하기로 했습니다'라고 말한 칸트에게 여자의 아버지는 말했다.

"너무 늦었네. 내 딸은 벌써 결혼해서 두 아이의 어머니가 됐다네. 내 딸이 자네에게 청혼한 것은 벌써 7년 전의 일이 아닌가."

이후에도 칸트는 다른 여성의 청혼을 받았지만 오랫동안 고민을 한 결과 결혼을 할 수 없었으며 평생 독신으로 살았다.

부부사랑은 힘든 성숙과정을 거친다

먼저 신랑, 신부는 매우 자랑스러운 부부가 되었음을 진심으로 축하드립니다.

신랑, 신부가 부부생활을 더욱 행복하고 품위 있게 꾸며 나갈 것을 당부하는 세 가지 지표를 드립니다.

첫째, 신랑, 신부는 인생의 동반자로서 언제나 성숙한 사랑을 능동적으로 키워 가면서 아낌없이 서로 주어야 합니다.

이제부터 신랑, 신부는 부부사랑은 결혼을 위한 기초가 아니라, 결혼이야 말로 부부사랑을 위한 기초라는 것을 먼저 명확히 인식하셔야 합니다.

우리들 인생에 있어서 부부사랑은 인생의 주 성분이고 밝고 따뜻한 태양 같은 것입니다.

그러나 이 부부사랑은 놀랍고도 힘든 성숙과정을 반드시 거쳐야

하고, 언제나 적응과 개선의 여지가 있는 살아 있는 시스템이라는 것을 명심하기 바랍니다.

부부가 서로 사랑을 받기 때문에 사랑한다는 것은 유치한 사랑의 원칙입니다.

성숙한 부부 사랑은 '사랑하기 때문에 사랑받는다'는 원칙을 따라야 하는 것입니다.

성숙한 부부 사랑은 완료형이 아니고 현재진행형이며, 명사가 아니고 함께 실천하고, 함께 행동하는 동사라는 것을 항상 다짐하고 실천해 나가기 바랍니다.

둘째, 신랑과 신부는 인생 여정의 멋진 동반자가 되어 항상 가장 열렬한 지지자, 파트너가 되어야 합니다.

부부는 언제나 서로 배우자를 위해 적극적으로 응원해 주고 안식과 기쁨을 주는 최상의 격려자가 되어야 합니다.

부부생활은 서로 참아 가는 긴 대화의 과정으로, 한편의 소설을 쓰는 것이 아니라 현실에 서서 하나의 역사를 쓰는 것입니다.

지금부터 신랑, 신부는 서로의 장점과 강점을 더욱 크게 키워가고 단점을 좁히고 지워 버리는 상호 보완하고 지지하는 쌍방관계임을 또한 잊지 마시기 바랍니다.

이제부터 신랑, 신부는 영원한 이중창을 함께 부르는 사이가 되어야 합니다.

신랑, 신부가 이중창을 부를 때는 항상 배우자의 음색과 속도에 맞추어야 하고, 서로 더욱 노력하여 아름다운 화음을 만들어 가는 우애와 격려가 넘치는 거룩한 영혼의 친구가 되어야 합니다.

이제 신랑, 신부 두 사람은 두 개의 몸이지만 두 사람 앞에는 오직 하나의 인생만이 있어야 합니다.

부부는 정확히 말하면 벗입니다.

셋째, 신랑 신부는 부부생활 중에 부부 불일치가 일어난다고 해서 너무 분노하지 말아야 합니다.

부부는 서로 맞춰 나가려는 노력과 함께하겠다는 다짐이 반드시 필요합니다.

그 안에서만이 모든 것은 평화롭게 공존하고 융합할 수 있습니다.

나와 충돌하는 배우자의 의견을 저항이나 항의, 틀린 의견으로 간주하지 마시기 바랍니다.

항상 '가능한 대안'으로 여기는 너그러움과 지혜가 필요합니다. 가능한 한 많은 대안이 있을 뿐입니다.

나만 옳은 일은 없기 때문입니다.

부부 서로가 머리와 마음을 맞대고 최적의 합의점과 연관성을 찾아가야 합니다. 그 과정이 진정 아름다운 것이며 그것이 바로 부부 사랑입니다.

신랑, 신부는 지금부터 어떠한 경우라도 서로 성숙하게 사랑하고, 서로 적극적으로 지지하고, 서로 대화하고, 서로 헌신하는 친구 같은 부부, 연인 같은 부부가 반드시 되어야 합니다.

감사합니다.

1. 고난 속에서도 희망을 가진 사람은 행복의 주인공이 되고 고난에 굴복하고 희망을 품지 못하는 사람은 비극의 주인공이 된다.

2. 하루를 좋은 날로 만들려는 사람은 행복의 창조자가 되고 '나중에'라고 미루며 시간을 놓치는 사람은 불행의 하수인이 된다.

3. 힘들 때 손잡아 주는 친구가 있다면 당신은 이미 행복의 당선자이고, 그런 친구가 없다고 생각하는 사람은 이미 행복의 낙선자다.

4. 사람에게는 기쁨도 슬픔도 있다는 것을 아는 사람은 행복하고 슬픔의 순간만을 기억하는 사람은 불행하다.

5. 작은 집에 살아도 잠잘 수 있어 좋다고 생각하는 사람은 행복한 사람이고 작아서 아무것도 할 수 없다고 생각하는 사람은 불행한 사람이다.

6. 남의 마음까지 헤아려 주는 사람은 이미 행복하고 상대가 자신을 이해해 주지 않는 것만 섭섭한 사람은 이미 불행하다.

7. 미운 사람이 많을수록 행복은 반비례하고 좋아하는 사람이 많을수록 행복은 정비례한다.

8. '우리'라고 생각하는 사람은 행복의 연합군이고 '너는 너, 나는 나'라고 생각하는 사람은 불행의 독불장군이다.

9. 용서할 줄 아는 사람은 행복하지만, 미움을 버리지 못하는 사람은 불행하다.

10. 작은 것에 감사하는 사람은 행복한 사람이고 '누구는 저렇게 사는데 나는'이라고 생각하는 사람은 불행한 사람이다.

주례사 3

상세한 애정지도를 가져야 한다

먼저 신랑, 신부의 아름답고 성스러운 결혼을 진심으로 축하드립니다.

이제 신랑, 신부에게 부부생활을 행복하고 감미롭게 꾸려 나갈 것을 당부하는 세 가지 지표를 드리겠습니다.

첫째, 오늘부터 신랑, 신부는 '상세한 애정지도(love map)'를 가지고 서로 적극적으로 배려하고 격려해 나가는 쌍방 관계임을 명심하셔야 합니다.

신랑, 신부가 단지 서로를 '알고 있는' 것만으로는 결코 행복한 부부생활이 이루어질 수 없습니다.

이제부터 신랑, 신부는 행복한 부부생활을 하기에 충분하고, 서로의 인생에 관련된 실제적인 정보를 머릿속에 그려 놓은 '상세한 애정지도(love map)'를 구체적으로 갖고 있는 부부가 되어야 합니다.

신랑, 신부가 서로 애정이 강하면 강할수록 '애정지도(love map)'의 도면은 정확하고 상세하게 그려진다는 것을 명심하고 그 지식들을 소중히 여기고 그 수준을 높이려고 항상 노력하는 부부가 되어야 합니다.

둘째, 부부생활은 기대와 실망과 적응의 과정이므로 서로가 자제력을 발휘하고 열정을 능동적으로 더욱 키워 나가야 합니다.

신랑, 신부의 혼인은 보랏빛 환상이 아니고 생활이요, 실천이며, 인내와 노력으로 부족한 자신을 완성해 나가는 과정이라고 할 수 있습니다.

신랑, 신부는 결혼이 지금까지 서로가 가지고 있는 개성을 적절하게 조절하고, 사랑의 공동체를 만들어 가겠다는 계약임을 명확히 인식하시기 바랍니다.

앞으로 신랑, 신부가 만들어 가는 행복한 부부생활은 아름다운 꽃을 가꾸는 것과 같습니다.

이 꽃은 신랑, 신부가 함께 서로 애정의 햇빛을 주어야 하고, 신뢰의 물과 헌신의 거름을 주어야 잘 자라는 꽃임을 늘 기억하셔야 합니다.

부부애가 좋은 부부를 금슬(琴瑟)이 좋다고 합니다.

금(琴)은 거문고이고 슬(瑟)은 비파로 잘 어울려 연주하면 최상의 신비한 화음이 나오듯이, 신랑, 신부 두 분은 늘 하나의 멋진 화음을 만들어 가는 우애가 넘치는 금슬 좋은 동반자가 되어야 합니다.

셋째, 신랑, 신부는 아름다운 여정의 멋진 길동무가 되어 서로 헌신하고 친밀감을 더욱 다져 나가야 합니다.

우정이 넘치는 동행자는 아무리 먼 길을 함께 걸어도 쉴 새 없이 의사소통이 이루어지게 되어 있습니다.

부부는 가정이라는 한배를 타고 중요한 결정에 대해서 공동의 책임을 가지고 있으므로 언제나 '네 탓', '내 탓'이 따로 있어서는 안 됩니다.

이제부터 배우자에 대해 고정관념을 갖지 말아야 합니다.

배우자와 아무리 가까워져도 그 배우자를 확실하고 완벽하게 알 수는 없는 법입니다. 여러 해가 지난 다음엔 배우자 역시 당신이 알고 있는 것과는 또 다른 사람으로 변화되어지게 된다는 것을 인식하시기 바랍니다.

그래서 배우자를 지금 당신이 알고 있는 모습으로 고정시키지 말아야 합니다.

신랑, 신부는 천생연분(天生緣分)입니다.

부부간에 참사랑을 이루어 행복한 가정, 화목한 가정, 축복받는 가정을 이루시기 바랍니다.

1. 남편(아내)의 가장 친한 친구 두 명의 이름은?

2. 처음 만난 날 그 사람이 입었던 옷은?

3. 요즘 남편(아내)이 가장 스트레스를 받고 있는 일은?

4. 양가 친척 중 남편(아내)이 가장 싫어하는 사람은?

5. 양가 친척 중 남편(아내)이 가장 좋아하는 사람은?

6. 남편(아내)이 앞으로 5년 안에 꼭 이루고자 하는 꿈은?

7. 남편(아내)이 어릴 때 가장 자랑스러웠던 일은?

8. 남편(아내)이 어릴 때 가장 수치스러웠던 일은?

9. 남편(아내)이 관람하기 가장 좋아하는 스포츠는?

10. 남편(아내)이 가장 존경하는 인물은?

11. 남편(아내)에게 가장 큰 경쟁자(또는 적수)는?

12. 남편(아내)이 요즘 가장 걱정하는 일은?

13. 남편(아내)이 가장 싫어하는 동물은?

14. 남편(아내)이 가장 좋아하는 동물은?

15. 남편(아내)이 가장 싫어하는 음식은?

16. 남편(아내)이 가장 좋아하는 음식은?

17. 남편(아내)이 가장 두려워하는 일은?

18. 남편(아내)이 힘들 때 가장 가고 싶어 하는 마음의 고향은?

19. 남편(아내)이 가장 좋아하는 가수나 음악은?

20. 남편(아내)의 주민등록번호는?

주례사 4

산다는 것은 사랑하는 것이다

먼저 화촉을 밝히는 신랑, 신부의 아름다운 결혼을 축하드립니다.

이제 신랑, 신부는 양가 부모님과 친척, 친지 앞에서 거룩한 계약을 맺었습니다. 일평생 서로 돕고 이해하고 감싸 안으며 함께 잘 살아가겠다는 약속입니다. 이 약속은 평생 어김없이 잘 지켜 나가야 할 계약입니다. 이를 위해서 세 가지 결혼생활의 지표를 드려 주례사로 삼고자 합니다.

첫째, 부부의 행복은 신랑, 신부 두 사람이 함께 만들어 가는 공동작품임을 명심하시기 바랍니다.

결코 행복한 부부생활은 저절로 이루어지는 것이 아닙니다.

오직 부부 행복은 신랑, 신부 두 사람의 노력의 결실로 얻어지는 창작품입니다. 행복은 부부사이의 정직하고 성실한 생활 태도에서 나옵니다.

그리고 언제나 부부는 이해하고, 타협하고, 협동하는 상호출자 관계임도 명심하시기 바랍니다.

신랑, 신부는 내 멋대로 배우자를 소유하려 하지 말고 그냥 놓아 주어야 합니다. 그가 자유롭게 생각하고 체험하도록, 나름대로 판단하도록 해 주어야 합니다.

둘째, 부부는 평생 동행자, 동반자로서 항상 존경과 사랑을 아낌없이 주어야 합니다.

부부의 사랑은 보완이고 섬김이며 용납이고 동행입니다.

고전에 "생즉애(生卽愛)"라는 말이 있습니다.

"산다는 것은 사랑하는 것이다."는 말입니다.

사랑이란 말은 사량(思量)에서 유래했습니다. 이는 사랑이 소유도 집착도 독점도 아니라는 뜻입니다. 사랑은 배우자를 생각해 주고, 헤아려 주고, 아껴 주는 것입니다. 신랑, 신부는 서로 배우자의 몸과 마음과 취미, 습관, 자존감을 존중해 주어야 합니다.

결혼했다고 해서 남편이나 아내를 소유물로 여겨서는 안 됩니다. 아내나 남편은 마음대로 조정하고 관리하고 통제하는 피고용인이 아닙니다.

부부는 서로 삶을 의지하고 돕고 즐기며 함께 고민하며 같이 가는 반려자입니다.

부부 서로가 살을 맞대고 산다고 해서 마음대로 모든 걸 요구하고 강요해서는 결코 안 됩니다.

부부생활은 참고 또 참는 길로, 아내의 인내는 남편을 명예롭게 하고 남편의 인내는 아내를 지혜롭게 합니다.

　부부생활은 긴 대화의 과정이고 견습 기간이 없습니다.

　부부 서로가 지나치게 자기기준으로 판단하거나 배우자를 자신과 똑같이 만들려고 하면 문제가 발생하게 됩니다.

　부부는 서로 아내라는 이름으로 남편이라는 이름으로 잔소리하지 말고 배우자의 마음을 헤아리고 배려하는 따뜻한 관심이 필요합니다.

　셋째, 신랑, 신부는 서로가 가장 열렬한 지지자가 되어야 합니다.

　결혼은 부부의 단순한 육체적 결합이 아니라 서로간의 신뢰와 존중을 바탕으로 소유가 아닌 이해에서 출발해야 합니다.

　인생은 기본적으로 자기 책임하에 살아야 할 삶이지만 부부는 서로 추구하는 부부생활에 대하여 자주 대화를 나누어서 있을 수 있는 차이점을 줄여 가야 합니다.

　부부는 남녀 차이뿐만 아니라, 내향적이거나 외향적인, 이성적이거나 감정적이거나, 타고난 성격의 차이까지 있습니다.

　부부는 결코 완전히 한마음이 될 수는 없습니다.

　부부는 서로 힘을 합치며 소통하고 도와 가는 동반자가 되어야 합니다.

　신랑, 신부의 결혼을 다시 한번 축하드리고, 두 분은 백년해로하는 최상, 최고의 파트너가 되시기 바랍니다.

　감사합니다.

　행복은 쟁취해야지 기다리고 있으면 찾아오는 느낌(Feeling)이
아니다.

　보다 행복한 삶을 살아가기 위해서 극복해야 할 장애물 세 가지
이다.

　1. 다른 사람들과 비교하는 버릇이 있으면 행복해 보이는 사람도
　　 불행한 구석이 있다.
　2. 완벽한 이미지(Image of Perfecf)를 버려야 한다.
　3. "없어진 타일증후군(Missing Tile Syndrome)"을 극복해야
　　 한다.

　행복을 파괴하는 비법은 미미한 결함에 초점을 맞춘다.

　부부도 극히 사소하고 작은 일을 가지고 지나치게 간섭하거나 다
투는 습관을 버려야 한다.

　천정의 떨어져 나간 타일 한 조각의 해결책은 타일을 찾아 붙이
든가? 다른 타일로 대체하든가?

　깨끗이 잊고 멀쩡한 타일에 초점을 맞추든가? 하면 된다.

　인간의 생활환경과 인간의 행복감 사이에는 관계가 없다. 안락

한 생활을 하면서도 내면적으로 불행한 사람들이 있는가 하면 많은 고생을 하면서도 행복하게 살아가는 사람들도 있다.

행복의 비결은 감사하는 마음을 지니고 감사할 줄 알면 행복해진다. 어쩌면 행복은 어떤 것의 부산물(Byproduct)이다. 그리고 우리의 존재가 보다 큰 어떠한 의미를 지니고 있다는 믿음(정신적 믿음, 종교적 믿음, 생활철학)이 우리를 더 행복하게 해 준다. 행복은 우리의 마음가짐이다.

주례사 5

결혼은 최고의 예술이다

오늘 신랑, 신부의 결혼을 진심으로 축하하고, 하객 여러분께 깊은 감사를 드립니다.

지금부터 신랑, 신부는 최상의 친구, 그리고 영원한 신뢰의 관계가 되기로 서약하였습니다.

이제 신랑, 신부의 결혼은 인생의 매우 중요한 제2의 탄생이므로 행복한 부부생활을 위한 세 가지 지표를 드리고자 합니다.

첫째, 신랑, 신부 서로는 배우자를 이해하고 서로 사랑하는 협력 관계임을 명심하기 바랍니다.

사랑은 하나의 관념이나 지식이 아니라 겉으로 드러날 수밖에 없는 행동이며 실천임을 확실히 인식하시기 바랍니다.

사랑이 삶 자체라는 말은, 사랑이 있으면 삶이 삶으로서 의미를 갖지만 사랑이 없는 삶은 삶의 의미가 없다는 뜻입니다. 사랑은 삶의 의미를 주고 생명력을 더하기도 하는 삶 자체임을 인식하시기 바랍니다. 부부 서로는 인격의 성숙과 행복한 삶을 위해 배우자를 사랑해야 합니다.

그런 의미에서 사랑은 부부의 조건임을 명심하시기 바랍니다.

둘째, 신랑, 신부 서로에게 부부 사랑은 활짝 여는 것임을 반드시 명심하시기 바랍니다.

부부 사이에 틈이 생기는 원인은 어느 한쪽이 혹은 양쪽이 다 자기를 배우자에게 공개하지 않는 데서 오는 것 입니다.

부부생활에서 정말로 어리석은 생각은 먼저 배우자가 변화하기를 바라는 것입니다. 부부가 지닌 문제의 해결은 내가 먼저 달라져야 한다고 생각하는 순간부터 시작되어야 됩니다.

부부 서로의 배우자는 기성품이 아니라 원료에 불과할 뿐입니다.

부부 두 사람의 대화가 많을수록 부부 사이의 문제는 적어지게 되어 있습니다.

부부 서로가 무슨 이야기든 잘 듣는다면 부부 사랑은 저절로 여물어 가게 됩니다.

반드시 결혼생활에서 필요한 사랑은 의지적 사랑입니다.

배우자가 혹시 단점이 많아도 내가 선택한 사람을 사랑하기 위해 노력하는 의지적 사랑이 절대 필요한 법입니다.

결혼생활은 꿀처럼 달콤한 것이 아니고 오히려 커피에 가깝다고 할 수 있습니다.

신랑, 신부 서로는 쓸쓸한 맛의 커피를 잘 마시는 동반자가 되어야 합니다.

셋째, 이 세상에서 최고의 예술은 결혼입니다. 훌륭한 예술품을 만들 듯이 부부가 행복한 가정을 만들기 위해 함께 더욱 노력하여야 합니다.

부부 서로는 행복농장을 열심히 일구어 나가야 합니다. 부부가 의견이 상충될 때는 서로 배우자의 입장에 서서 생각하고 양보하고 인내하면 차츰 두 사람은 동화되고 공감하게 됩니다.

부부는 서로 교만한 마음으로 언성을 높이지 말고 항상 겸손하고 다정한 말씨로 생활해야 합니다.

부부는 반쪽들이 합쳐져서 한마음이 되는 게 아니라 선대칭 도형처럼 각자 독립적인 상태로 같은 방향을 바라보며 살아야 합니다.

신랑, 신부의 결혼을 축하드리고 행복한 부부생활을 이루시기를 기원합니다.

감사합니다.

부부에 관하여
- gibran -

서로 사랑하라.

하늘의 바람이 그대들 사이로

춤을 출 수 있도록 서로 사랑하라.

그러나 사랑의 구속을 만들지 말라.

그대들 영혼의 해변에 출렁이는 바다가 있게 하라.

상대방의 잔을 채워 주되 한 잔으로 마시지 말라.

당신의 빵을 상대방에게 주되

같은 빵을 서로 먹지 말라.

함께 노래하고 춤추며 즐거워하라.

그러나 각자는 혼자 있도록 하라.

마치 플롯의 현들이 같은 음악을 따라

움직이면서도 혼자 있는 것과 같이,

너의 마음을 상대에게 주되,

상대방이 소유 하지 않게 하라.

생명의 손만이 너의 마음을 완전히 소유할 수 있느니라.

같이 서 있되 너무 가까이 서지 말라.

성전의 두 기둥은 서로 떨어져 있으며 참나무와 사이프러스 나무
는 상대방의 그늘에서 자랄 수 없다.

주례사 6

부부는 한 쌍이며 한 팀이다

녹음은 신이 주신 제일의 선물이라고 합니다. 열정의 계절 8월, 좋은 날을 택하여 결혼을 하는 신랑과 신부, 그리고 양가 혼주의 아름답고 성스러운 결혼을 진심으로 축하드립니다.

이제 새 보금자리를 마련하는 신랑, 신부에게 앞으로 삶의 이정표에 보탬이 되는 세 가지 당부의 말씀을 드립니다.

첫째, 신랑, 신부는 배우자를 적극적으로 배려하고 서로 사랑하는 협력관계임을 항상 명심하시기 바랍니다.

이제부터 신랑, 신부는 한 쌍, 한 팀이 되어 확실한 결합체가 되어야 합니다.

언제나 부부는 상황 여하를 불문하고 배우자를 지지해 주어야 합니다.

설령 배우자의 주장이 불합리하고 미숙하더라도 일단은 배우자의 입장과 주장을 옹호해 주어야 합니다.

더욱이 배우자의 단점을 친가나 시댁 식구들 앞에서 해서는 결코 안 됩니다.

부부 서로는 늘 배우자를 보호하고 인정하는 마음을 지녀야 합니다.

부부 사이에 생길 수 있는 문제는 옳고 그름의 잣대가 아니라 무조건적으로 존중하는 마음을 가지고 서로 이해해 주어야 합니다.

둘째, 신랑, 신부는 인생의 동행자, 동반자로써 언제나 존경과 사랑을 아낌없이 주어야 합니다.

부부가 진정으로 사랑한다는 것은 서로가 있는 그대로 모습을 수용하고 존중하면서 자신의 길을 걸어갈 수 있는 자유를 부여하고 서로를 더욱 가능성 있게 만들어 줄 때 이루어지게 됩니다.

지금부터 서로의 부족한 언행에 공격적으로 반응하지 말고 창조적이고 화해적인 반응 기술을 익혀 가시기 바랍니다.

특히 참다운 부부사랑은 서로가 서로를 닮아 가려는 끊임없는 노력 속에서 만들어지는 것입니다.

부부가 서로를 닮아가기 위해서는 무엇보다도 자기의 것을 버릴 수 있어야 하고, 포기할 수 있어야 하고, 자기를 낮출 수 있어야 합니다.

부부 서로에게 가장 바람직스러운 모습은 한창 연애시절엔 러브(Love) 파트너였다가 결혼 후 시간이 흐르면서 패밀리어(Familiar:

익숙한, 친밀한) 파트너였다가 소울(Soul:영혼) 파트너로 진화해 나가야 합니다.

셋째, 이제부터 신랑 신부는 덕을 보려는 생각보다는 덕을 보여 주려는 생각을 해야 합니다.

부부는 서로 사랑을 받으려는 생각보다는 사랑을 주는 생각을 해야 합니다.

부부 서로는 따뜻이 안아 주기를 바라는 생각보다는 따뜻이 안아 주려는 생각으로 살아야 합니다.

오늘부터 신랑, 신부가 앞으로 꾸미는 가정은 사랑을 배우는 첫 번째 학교가 됩니다.

가정은 부부 서로가 차이를 극복하고 다름을 끌어안으며 하나가 되는 법을 배우는 학습하는 교육현장이 됩니다.

결혼의 행복이라는 꽃나무는 항상 부드러운 애정이 있어야 합니다.

부부의 애정은 따뜻한 배려라는 햇볕을 쪼여서 꽃이 피게 해 주고 어떠한 일에도 흔들리지 않는 신뢰라는 철벽 속에서 지켜져야 합니다.

이런 정성으로 가꾸어지는 결혼의 행복이라는 꽃나무는 일생 동안 향기로운 꽃을 피워 나가게 됩니다.

신랑, 신부는 평생 동안 향기가 넘치는 부부가 되시기 바랍니다.

감사합니다.

　무엇이 결혼생활을 지속하게 하는지에 대해 Rovert와 Lauer가 351쌍의 부부를 대상으로 조사를 했다.

　남편과 아내에게 결혼의 중요한 요인들에 대해 순위를 매기도록 한 결과, 흥미롭게도 남편과 아내들이 중요하다고 지적한 요인들이 거의 일치했다.

　남편의 순위와 아내의 순위가 매우 유사했으며, 특히 상위 7위까지는 똑같았다.

내용	순위	
	남편	아내
배우자는 나의 가장 친한 친구다.	1	1
인간적으로 배우자를 좋아한다.	2	2
결혼은 끊임없는 헌신이 요구된다.	3	3
결혼은 신성한 것이다.	4	4
부부가 같은 목적과 목표를 갖고 있다.	5	5
배우자에 대해 점점 더 매력을 느끼게 된다.	6	6
부부관계가 성공적이기를 바란다.	7	7
친밀한 부부관계는 사회적 안정을 위해 매우 중요하다.	8	10
부부가 함께 웃는다.	9	8
부부의 삶의 철학이 비슷하다.	11	9
배우자가 성취한 것에 대해 나는 자부심을 느낀다.	10	13
부부는 성생활에 대해 만족한다.	12	12
부부는 애정 표현 방식이 비슷하다.	13	11

부부는 안유사덕을 본받아야 한다

오늘 신랑, 신부는 백년해로하겠다고 혼인서약을 하였습니다. 참으로 경사스러운 일입니다. 다시 한번 결혼을 축하드립니다.

신랑, 신부에게 영원한 행복을 누릴 수 있도록 세 가지 지표를 드립니다.

첫째, 결혼이라는 것은 한 남자와 한 여자의 자유롭고 공개적이고 법적인 경건한 결합입니다. 결혼은 지속적으로 발전하는 과정이 되어야 합니다. 결혼은 두 사람을 하나로 묶는 진지한 결합을 의미합니다.

결혼이라는 것은 남녀가 배우자로서 서로 새로운 지위를 찾는다는 공식적인 선언의 의미를 가집니다. 이 선언을 통하여 한 남자와 한 여자는 남편과 아내로 부부가 되어 생의 동반자가 되는 것입니다.

부부는 둘의 권리를 반으로 줄이고 하나가 되려는 것입니다. 둘의 결합은 생각하는 것보다 훨씬 강한 의미를 갖고 있습니다. 진정한 부부는 한 몸이 되어 살아가면서도 두 사람의 존재를 서로 인정하여야 합니다.

뿌리는 하나지만 머리는 둘인 콩나물처럼 배우자의 정신세계를 인정하면서 한 곳을 향해 가야 합니다.

부부생활의 고통은 과도한 소유욕과 지나친 집착으로 배우자를 자기가 원하는 사람으로 만들려는 욕심에서 시작되는 법입니다.

둘째, 결혼은 신랑, 신부가 일대일로 맺는 협력관계입니다. 부부가 오직 서로에게만 충실할 때 부부간의 신뢰와 헌신이 자라게 됩니다.

결혼은 소명이고 성스럽고 거룩한 것입니다.

신랑, 신부 두 사람이 희망과 겸손의 정신으로 평생 사랑하고 서로를 깊이 존경할 것을 맹세하시기 바랍니다.

사랑은 사랑을 낳습니다. 부부가 맺을 수 있는 가장 아름다운 결실은 배우자가 이루려고 하는 것을 최대한 이룰 수 있도록 돕는 것입니다.

특히 참다운 부부사랑은 서로가 서로를 닮아 가려는 끊임없는 노력 속에서 만들어지는 것입니다. 이렇게 볼 때 사랑은 닮는 것입니다.

부부생활의 목적은 끊임없는 전진이고 성숙하는 데 있습니다.

부부생활 앞에는 언덕이 있고 냇물이 있고 진흙도 있습니다. 좀 더 좋은 관계를 유지하기 위해서는 서로 감정을 공평하게 주고받는 올바른 대화법이 필요합니다. 부부갈등이 있을 때는 배우자를 평가하기보다는 자신을 표현하는 1인칭 대화법을 사용해야 합니다. 무엇보다 대화할 때 서로 비난하고 비아냥거리고 비교하는 것은 피해야 합니다.

셋째, 신랑, 신부는 안유사덕(雁有四德)을 본받아 행복하고 보람찬 가정을 이루기 바랍니다. 우리 전통 혼례는 주례사가 없고 전안례(奠雁禮)로 대신하고 있습니다. 현명하신 우리 조상님들이 기러기 한 쌍으로 주례사를 대신한 것은 기러기에는 안유사덕(雁有四德)이라는 4가지 큰 덕이 있었기 때문입니다.

그 하나는, 기러기는 때가 되면 반드시 돌아오는 믿음의 신덕(信德)이 있고

그 둘은, 기러기는 떼를 지어 날아 갈 때, 질서를 유지하며 가화만사성하는 화덕(和德)이 있으며

그 셋은 죽을 때까지 절개를 지키는 절덕(節德)이 있고,

그 넷은, 무리 생활을 하면서 의로서 맡은 바를 다하는 의덕(義德)이 있으며

더 나아가서, 다산을 하여 가문을 번성시키는 성덕(盛德) 마저 가지고 있으니, 그 이상의 더 좋은 주례사가 어디에 있겠습니까?

아무쪼록 신랑, 신부는 안유사덕을 본받아 행복한 가정을 이루

시기 바랍니다.

　신랑, 신부는 혼인 서약을 반드시 지키면서 안유사덕을 본받아 모범적인 가정을 만들어 한평생 행복하고 대성하는 인생이 되시기 바랍니다.

　감사합니다.

기러기는 V 자 편대를 이뤄 상호협조하에 목적지까지 다 함께 날아간다. 우선 기러기는 공기저항을 최소한으로 줄이기 위해 V 자형을 이룬다.

맨 앞의 기러기는 공기저항이 세서 가장 힘든 자리이다. 가장 앞에 날아가는 리더의 날갯짓은 기류에 양력을 만들어 주어 뒤에 따라오는 동료 기러기가 혼자 날 때보다 71% 정도 쉽게 날 수 있도록 도와준다. 선두 기러기가 지치면 곧바로 다른 기러기가 앞자리로 나선다.

뒤쪽 기러기들도 선두를 그냥 쫓아가는 게 아니라 쉬지 않고 울어 대며 앞에서 거센 바람을 가르며 힘들게 날아가는 리더를 응원하고 격려한다. 기러기는 40,000km의 머나먼 길을 옆에서 함께 날갯짓을 하는 동료를 의지하며 날아간다. 보호 시스템을 갖추고 있다는 사실이 놀랍다. 비행 중 만약 기러기가 총에 맞거나 아프거나 지쳐서 대열에서 이탈하게 되면 동료기러기 두 마리도 함께 대열에서 이탈해 지친 동료가 원기를 회복해 다시 날 수 있을 때까지… 또는 죽음으로 생을 마감할 때까지… 동료의 마지막까지 함께 지키다 무리와 합류한다.

미물 치고는 참으로 영리하고 탄탄한 존재이다.

부부애가 좋은 금슬 부부가 되자

만물이 소생하는 새 봄을 맞이하여 신랑, 신부가 하객 여러분의 축복을 받으며 멋진 새로운 부부가 되었습니다.

이에 주례는 먼저 신랑, 신부 두 분께 진심으로 결혼을 축하드리고 행복한 결혼생활의 청사진에 도움이 되는 세 가지를 당부 드립니다.

첫째, 신랑, 신부는 부부 사랑을 지속적으로 성장시켜 나가시기 바랍니다.

사랑은 신랑과 신부가 부부생활의 방향을 하나가 되게 하는 노력입니다.

부부는 마음도 하나, 생각도 하나, 바라보는 방향도 하나가 되어야 합니다.

신랑과 신부가 하나가 되기 위해서는 부부는 서로 항상 자상한 관심을 가져야 합니다.

관심은 염려이고 배려입니다. 부부가 서로 무관심해서는 참다운 사랑의 원리를 실천할 수 없습니다.

신랑, 신부는 서로가 배우자의 마이너스적 면보다는 플러스 적인 면을 중시하고 그 장점에 적극적으로 에너지를 쏟아 가야 합니다.

둘째, 부부생활은 기대와 실망과 적응의 과정이므로 서로 자제하고 애정을 능동적으로 키워 가야 합니다.

신랑, 신부의 참된 행복은 하나밖에 없는 배우자에게

집중적인 애정과 헌신을 베풀며 살아갈 때 얻을 수 있습니다.

고전에. 부부가 지켜야 할 도리는 구이경지(久而敬之)라 했습니다.

부부는 서로 존중하고 존경을 바탕으로 상부상조하는

인간애를 실천하여야 합니다.

이제부터 신랑, 신부는 주어진 책임과 역할을 충실히 수행하고 욕구불만을 감내해 나가야 합니다. 이를 통해서 가정은 좌절과 시행착오 속에서 감정을 조절하고 승화시켜 나가는 심성단련의 장이 되어야 합니다.

신랑, 신부는 결혼식을 기점으로 해서, 지금까지 행해 온 사고방식과 생활 태도를 바꾸고, 새로운 상황에 적절한 창의적인 활동이 이루어져야 합니다.

지금부터 신랑, 신부는 '혼자 살아가는 나'가 아니라 '함께하는 관계 속의 나'로 거듭나는 기회가 계속되어야 합니다.

셋째, 신랑, 신부는 아름다운 여정의 멋진 길동무가 되어 서로 헌신하고 친밀감을 더욱 다져 가야 합니다.

우애 넘치는 동반자는 아무리 먼 길을 함께 걸어도 쉴 새 없이 의사소통이 이루어지게 되어 있습니다.

부부는 가정이라는 한배를 타고 중요한 결정에 대해서 공동의 책임을 가지므로 언제나 네 탓 내 탓이 따로 있을 수 없습니다.

앞으로 신랑, 신부는 성공의 절반도 서로의 공로이며 실패의 절반도 서로의 책임임을 명심하셔야 합니다.

행복한 부부생활이란 낡아져 가는 건물을 개축해야 하는 것과 같습니다.

러시아의 속담에 "전쟁터에 나갈 때는 한 번 기도하라. 바다에 나갈 때는 두 번 기도하라. 결혼 할 때는 세 번 기도하라."는 말이 있습니다. 이 속담의 뜻은 부부생활은 순풍에 돛 단 것처럼 평탄치 않고 어려움이 많다는 것을 말해 주고 있습니다.

그래서 부부의 사랑은 주는 노력이 언제나 필요합니다.

신랑, 신부는 일생 동안 서로 따뜻한 마음도 주고, 아름다운 언어도 주고, 상냥한 미소도 주시기 바랍니다.

그래서 품위 있고 멋진 인생의 대 작품을 만들어 가시기 바랍니다.

감사합니다.

1. 부부는 서로 다른 인격체임을 인식한다.

2. 다름 속에 조화를 모색한다.

3. 커뮤니케이션 기법을 개발한다.

4. 서로에 필요한 존재가 되도록 자기개발에 소홀하지 않는다.

5. 깜짝 이벤트로 사소한 일에도 즐거움을 연출한다.

6. 상대가 변하기를 기대하지 말고 내가 보조를 맞춘다.

7. 날마다 새로운 날이 되도록 발상을 전환한다.

8. 자신을 가꾸는 일에 소홀하지 않는다.

9. 자신만의 무기(경쟁력)를 개발, 당당하게 생활한다.

10. 주어진 환경은 마음의 반영임을 이해하고 순간에 감사한다.

주례사 9

부부사랑은 가꾸어야 한다

지금 화창하고 봄볕이 따뜻한, 이 좋은 날에 신랑, 신부의 백년 가약(百年佳約)을 축복해 주시기 위해 왕림해 주신 하객 여러분께 양가 부모님을 대신하여 심심한 감사의 말씀을 올립니다.

이제 새로운 가정을 꾸미는 신랑, 신부의 결혼을 축하드리고 두 가지 당부의 말씀을 드려 주례사로 대신합니다.

첫째, 신랑, 신부는 평생 동안 부부사랑을 가꾸고 다듬고 다듬어 나가야 합니다.

정원의 꽃밭도 정성스럽게 가꾸고 다듬어야 아름다운 꽃밭이 만 들어지듯이

제대로 가꾸지 않으면 온갖 잡초들이 무성한 버려진 땅이 되고 맙니다.

부부가 서로 사랑을 받기 때문에 사랑한다는 것은 유치한 사랑의

원칙입니다. 성숙한 부부 사랑은 '사랑하기 때문에 사랑받는다'는 원칙을 반드시 준수해야 합니다.

신랑, 신부는 부부의 사랑은 인격과 인격의 만남이고 관계임을 확실히 기억하시기 바랍니다.

"남편을 사랑한다.", "아내를 사랑한다."는 인격체끼리의 만남은 하나를 이루는 가장 큰 사랑입니다.

성서에도 "그러므로 남자는 부모를 떠나 제 아내와 합하여 한 몸을 이르니라(마 19:5)"라고 기록되어 있습니다.

이렇듯 부부는 한 몸을 이루는 한 인격체이므로 배우자가 근본적으로 싫어할 수 있는 일을 해서는 안 됩니다.

부부 서로의 믿음이 깨지기 때문입니다.

부부 서로가 믿음을 가지고 살아갈 수 있다면 100점 부부가 됩니다.

둘째, 신랑 신부는 성공적인 부부생활을 만드는 데 최선을 다하시기 바랍니다.

정서적 지능(emotional intelligence)이 풍부한 부부는 상호 이해가 깊고, 배우자의 위신을 세워 주고 서로 존경함으로써 행복한 부부생활을 하게 됩니다.

부부생활은 결코 100점짜리 신랑과 100점짜리 신부가 만나서 생활 하는 것은 아닙니다.

50점 남편과 50점 아내가 만나 100점을 향해 가는 과정일 뿐입니다.

부부는 배우자의 개성이나 관점과 성격을 고치려고 하는 생각을 하지 말고 항상 상호 격려, 지지, 위로하면서 부족한 부분을 보완해야 하는 관계임을 명심하시기 바랍니다.

부부의 행복은 어느 누가 가져다주는 것도 아니고, 저절로 굴러 들어 오는 것도 아닙니다.

부부의 행복은 부부 서로가 열심히 스스로 만들어 가야 합니다.

행복을 만드는 것은 그리 쉬운 일이 아닙니다.

꽃을 사랑하는 사람이 한 송이의 꽃을 피우기 위해서는 온갖 정성을 쏟아야 하고, 화가가 한편의 예술품을 완성하기 위해서 혼신의 열정을 쏟아야 하듯이 행복은 부부가 항상 조심스럽고 기품 있게 최선을 다하여 성실하게 가꾸어야 합니다.

이제부터 신랑, 신부는 서로 겸손이라는 터전에 근면과 건강과 화목과 용서라는 네 기둥을 세워 새로운 행복의 보금자리인 가정을 만드시기 바라며

언제나 행복하게 잘 살아가기 바랍니다.

감사합니다.

두 사람
– 아파치족 인디언들이 결혼 축시

이제 두 사람은 비를 맞지 않으리라.

서로가 서로에게 지붕이 되어 줄 테니까.

이제 두 사람은 춥지 않으리라.

서로가 서로에게 따뜻함이 될 테니까.

이제 두 사람은 더 이상 외롭지 않으리라.

서로가 서로에게 동행이 될 테니까.

이제 두 사람은 두 개의 몸이지만

두 사람 앞에는 오직

하나의 인생만이 있으리라.

이제 그대들의 집으로 들어가라.

함께 있는 날들 속으로 들어가라.

이 대지 위에서 그대들은

오랫동안 행복하리라.

주례사 10

행복은 부부 공동작품이다

먼저 신랑, 신부의 결혼을 축하드립니다.

이제 신랑, 신부는 굳게 혼인 서약을 하여 매우 자랑스러운 부부가 되었습니다.

더욱 행복한 부부생활을 위하여 세 가지 당부의 말을 드립니다.

첫째, 부부의 행복은 신랑, 신부 두 사람이 함께 만들어 가는 공동작품임을 항상 명심하시기 바랍니다.

결코 행복한 부부생활은 저절로 이루어지는 것은 아닙니다. 부부는 어떠한 경우라도 항시 사랑하고 존경하는 인생의 동행자가 되어야 합니다. 참다운 부부 사랑은 결코 거저 주어지는 것이 아닙니다.

특히 참다운 부부 사랑은 서로가 서로를 닮아 가려는 끊임없는 노력 속에서 만들어지는 것입니다.

서로를 닮아 가기 위해서는 무엇보다도 자기의 것을 버릴 수 있어야 하고, 자기의 것을 포기할 수 있어야 하고, 자기를 낮출 수 있어야 합니다.

신랑, 신부는 서로의 단점, 실수, 다른 의견은 아주 작게 줄여 나가고 장점, 잘한 점 같은 의견은 더욱 크게 발전시켜 나가야 합니다. 신랑은 나보다 신부를, 신부는 나보다 신랑을 더욱 아끼고 존중하며 양보하고 용서할 수 있는 지혜를 터득하여 말하고 행동해야 합니다.

둘째, 부부는 소명으로 맺어진 관계임을 명심하시기 바랍니다. 두 사람이 희망과 겸손의 정신으로 평생 사랑하고 서로를 존중할 것을 맹세하는 성스러운 인연이 되어야 합니다.

부부 서로가 주는 사랑은 또 다른 많은 사랑을 낳습니다.

부부가 맺을 수 있는 가장 아름다운 결실은 배우자가 이루려고 하는 것을 최대한 이룰 수 있도록 돕는 일입니다. 부부사랑은 완전한 일치, 서로에 대한 더할 수 없는 존경, 그리고 가장 깊은 친밀함과 동시에 서로의 차이를 전적으로 인정하는 것입니다.

흔히들 결혼을 가리켜 비익연리(比翼連理)라고 합니다. 비익조(比翼鳥)는 암수가 각각 눈과 날개가 하나뿐이어서 서로 만나 짝을 이루어야만 비로소 날 수 있다는 전설 속의 새입니다. 그리고 연리지(連理枝)는 다른 뿌리에서 자라난 줄기가 서로 부대끼며 합쳐서 새로이 한 그루의 나무로 성장한 것을 말합니다. 따라서 이 세상의 수많은 사람 중에서 오직 두 사람이 이처럼 비익연리(比翼連理)의 인연을 맺는다는 것은 이미 하늘이 그렇게 정해 놓은 일이라고 할 수밖에 없습니다.

셋째, 신랑, 신부는 인생 여정의 멋진 동행자가 되어 항상 서로 격려하고 지지해 나가야 합니다.

신랑, 신부의 결혼은 보랏빛 환상이 아니고 생활이요, 실천이며, 인내와 노력으로 자신을 완성해 나가는 과정이라고 할 수 있습니다.

이제 신랑, 신부는 가정이라는 한배를 탄 동행자로서 중요한 결정에 대해서 공동책임을 져야 하기 때문에 언제나 '네 탓 내 탓'이 따로 있어서는 안 됩니다.

부부는 서로를 비춰 주는 거울로 항상 긍정적 피드백(positive feedback. 긍정적인 반응)을 주고받아야 합니다.

긍정적인 피드백은 부부 삶에 지극히 필요한 칭찬과 지지와 격려를 가져다주게 됩니다.

건강한 부부관계를 맺고 성장과 성숙을 촉진하기 위해서는 피드백을 건설적으로 주고받을 수 있어야 합니다.

부부 서로가 지시하거나, 강요하거나, 평가하듯이 피드백을 보내게 되면 부부생활에 큰 역효과를 만들어 내게 됨을 기억하시기 바랍니다.

부부 서로의 피드백은 자기 생각이나 정보를 나누어 갖자는 뜻으로 주는 것이 건설적임을 명심하시기 바랍니다.

항상 부부 행복지수의 수치를 높여 가시기 바랍니다.

감사합니다.

염소를 묶어 놓는다. 묶여 있는 염소는 특성상 잠시도 그냥 있지 않고 고삐를 당기며 나무(木)를 흔들어 괴롭힌다. 그러면 대추나무가 잔뜩 긴장하면서 본능적으로 대추를 많이 열도록 하여 자손을 번식시키려는 필사적 노력을 하게 된다.

우리 몸도 그냥 편히 두면 급속히 쇠퇴하고 질병과 노화에 취약해진다. 좀 검소하게 적게 먹고, 많이 움직이고 굽혔다 펴기도 하고, 흔들어 주고 문질러 주고 비틀어 주기도 하여야 생기가 더욱 발랄해 진다.

노자(老子, BC 6세기경에 도가의 창시자)는 《도덕경》에서 이러한 논리를 '귀생(貴生)'과 '섭생(攝生)'으로 설명을 했다.

'귀생(貴生)'은 자신의 생을 너무 귀하게 여기면 오히려 생이 위태롭게 될 수 있다.

'섭생(攝生)'은 자신의 생을 억누르면 생이 오히려 더 아름다워질 수 있다.

"선섭생자, 이기무사지(善攝生者, 以基無死地)"

"섭생을 잘하는 사람은 죽음의 땅에 들어가지 않는다."는 말이다.

'귀생(貴生)'이 오히려 화(禍)와 병(病)이 될 수 있고, 내 몸을 적당히 고생시키는 '섭생'이 '건강'한 생을 산다는 것을 설파한 노자의 지혜가 오늘날에 더욱 돋보인다.

주례사 11

부부는 '이심이체(二心異體)'이다

먼저 신랑, 신부의 결혼을 진심으로 축하하고 오늘의 성전을 마련하신 양가 부모님께 축하의 말씀을 드립니다.

신랑, 신부 두 사람이 결혼을 결심하기까지 여러 가지 이유가 있었겠지만 혼자보다 둘이 함께하는 삶이 더 행복하고 의미 있을 것이란 생각이 크게 작용했을 것입니다.

신랑, 신부 둘이 함께 행복하게 살아가기 위한 세 가지 지표를 주례사로 삼고자 합니다.

첫째, 부디 서로 아끼고 사랑하며 살아가기 바랍니다. 사랑의 기초는 서로를 있는 그대로 인정하고 존중해야 합니다.

배우자를 내 안에, 나를 배우자 안에 담아서 서로가 서로의 거울이 되어야 합니다.

그리고 언제나 배우자를 있는 그대로 인정하고 존중하여야 합니다.

흔히 '부부 일심동체(一心同體)'라는 말이 있지만 실상 부부는 '이심이체(二心異體)'가 될 수밖에 없습니다. 엄연하게 상이한 존재이고 딴 사람이라는 것입니다. 몸은 물론이고 마음도 그렇습니다. 몸도 마음도 별개인 두 사람이 만나서 평생 맞춰 가며 사는 것이 결혼생활입니다.

어쩌면 부부생활은 한 폭의 그림을 그리는 것과 같습니다.

남편과 아내가 각기 '너'와 '나'의 그림을 따로 그려서는 결코 안 됩니다. 이제부터 두 분은 백지에 '우리'만의 그림을 새로 그려 나가야 합니다.

신랑, 신부는 부디 '너'와 '나'를 주장하지 말고 사랑과 정성으로 한 팀이 되어 이 세상에서 가장 귀하고 아름답고 조화를 이룬 '우리'의 그림을 창작해야 합니다.

둘째, 자기가 좋은 것이 배우자에게도 좋은 것이라고 잘못 생각하거나 판단해서는 안 됩니다. 부부 서로는 내가 좋아하는 것을 왜 너는 좋아하지 않느냐고 다그치거나, 너와 내가 같은 취미를 가져야 한다고 강요하거나, 더 나가서는 나와 배우자는 반드시 같은 가치관과 신앙을 가져야 한다고 믿는 일을 해서는 결코 안 됩니다.

옛말에 '두 사람이 동시에 말을 타게 되면 한 사람은 말 엉덩이에 앉아야 한다.'는 교훈이 있습니다. 서로의 양보 없이는 동시에 두 사람이 같은 말을 탈 수 없다는 말입니다. 같은 말을 타고 같은 목적지를 향해 살아가는 부부의 역할을 의미심장하게 깨우쳐 주고 있습니다.

언제나 부부는 둘이 하나 되는 공동의 목표를 설정하고 추구하면서도 각자가 서로 의미 있고 보람 있는 삶을 만들어 가야 합니다.

셋째, 결혼은 서로 다른 두 인격의 결합이고 두 생명의 결합입니다. 결혼이 흔히 사랑의 완성이라 생각할 수 있으나 결코 그렇지 않습니다. 왜냐하면 결혼은 부부 두 사람에게 있어서 평생 동안 완성을 위해 만들어 가야 하는 인생의 최고의 가치이기 때문입니다.

전혀 다른 환경 속에서 살아온 두 사람이 한 마음과 한 몸을 이루어 산다는 것은 쉬운 일이 아닙니다.

부부사랑은 자전거를 타는 것과 비슷합니다. 부부는 언제나 중심을 잘 잡고 페달을 잘 밟아야 합니다. 속도를 천천히 높여 가며 앞으로 나가야 합니다. 자전거가 길을 달리듯이 부부사랑도 가야 할 길이 있고 가서는 안 될 길이 있습니다. 자전거를 멈춰야 할 때는 먼저 마음의 브레이크를 밟아야 합니다. 부부도 마음이 격해질 때는 마음의 브레이크를 걸고 차분하게 냉정을 찾아야 합니다.

이제 새로운 제2 인생을 출발하는 신랑, 신부에게 다시 한번 축하를 드리면서 언제나 두 분은 서로가 서로의 마음을 헤아릴 수 있는 부부가 되실 것을 확신합니다.

감사합니다.

빠른 속도로 변화하는 세상이지만 여전히 예전 그대로 남아 있는 게 있다. 이야말로 습관이 강력한 힘을 갖고 있는 이유다. 가장 작은 습관들 중에는 우리에게 행복감을 주고, 성공을 향해 가는 데 도움을 주는 것이 있다.

1. 용서하고 불평하지 않는 습관을 가져라. 불평은 당신의 마음을 짓누르고 행복과 성공을 제한하게 된다. 우선 당신 스스로를 용서하는 것부터 시작해 보라. 이렇게 하면 위험을 감수하고 큰 성과를 이룰 수 있는 길이 열린다. 그런 다음 다른 사람을 용서하기 위해 공감과 연민의 감정을 가질 수 있도록 노력한다.

2. 건강 챙기기

자기 스스로를 어떻게 잘 돌보느냐는 생활의 질에서 엄청난 차이를 만들어 낸다. 자신의 육체와 영혼을 돌보는 작은 습관은 인생의 목표를 수행하는 데 활력을 제공한다.

3. 충분한 수면

잠을 충분히 자면 더 건강하고 행복해진다. 기분을 향상시키고 피로를 없애는 것 이상의 효과가 있다. 적절한 수면이야말로 건강과 내면의 행복의 가장 중요한 요소다. 잠을 더 잘 자면 더 나은 삶을 살 수 있고 더 행복해진다.

4. 아침 일찍 일어나기

여러 연구 결과, 아침에 일찍 일어나는 것은 성공과 관련이 있다. 아침에 일찍 일어나면 하루의 더 좋은 계획을 짤 수 있고 일어날 문제에 대해서도 예견할 수가 있다. 또 운동이나 기도, 명상할 시간이 많아지는 등 행복감을 갖게 하는 것들을 할 수 있다.

5. 호기심

살다 보면 뭔가 가치 있는 것을 배울 수 없는 시기는 늘 존재한다. 인생을 사는 동안 정열을 가지고 배우는 것을 멈추지 말아야 한다. 우리의 인생은 가르침을 멈추지 않기 때문에 배움에 대해 열려 있는 습관은 여러 가지로 이득이 된다.

6. 타인을 존중하는 마음

다른 사람을 존중하는 습관을 가질 때 자신도 존중받을 수 있다. 다른 사람의 말을 잘 듣고 그의 기분을 인정하고 존중하는 마음을 갖고 그를 대해야 한다. 존경심의 작은 습관은 다른 사람들에게 친절하게 대하는 것과 관련이 있다. 이렇게 할 때 자신 스스로 행복감을 만들어 낼 수 있다.

유능한 시간의 재단사가 되라

오늘 성스러운 결혼을 축하하여 주시기 위해서 왕림해 주신 양가의 하객 여러분에게 이 자리를 통해서 진심으로 감사드립니다.

오늘 신랑, 신부는 새로운 결의와 굳은 의지로 품위 있는 양질의 인생 설계를 다짐하고 있습니다.

신랑, 신부가 더욱 성숙한 부부로 탄생하여 아름다운 결혼생활을 영위할 것을 확신하나 주마가편(走馬加鞭)으로 행복한 결혼생활에 도움이 되는 인생의 지표가 되는 세 가지를 제시하여 주례사로 대신합니다.

첫째, 신랑, 신부는 유능한 시간의 재단사가 되어야 합니다.

인생은 마치 장거리 마라톤 경기와 같은 것입니다.

신랑, 신부는 인생의 동반자, 반려자로서 시간을 아끼고 쓰고 근면하게 활용하고 창조하는 재단사가 되기 바랍니다. 순간순간의 시간들이 합쳐져서 바로 인생이 되는 것입니다. 시간의 질이 인생의 질과 삶의 질을 결정하는 인자가 됩니다. 짧은 인생을 허송하면 더욱 짧아지는 법입니다. 불필요한 일이나 사리에 맞지 않는 일로 시간을 절대로 낭비하지 마시기 바랍니다.

신랑, 신부는 분명하고 뚜렷한 생활 계획을 세워 유능한 시간의 재단사가 되어야 합니다.

그리고 부부는 한 배를 타고 항해하는 선원처럼 공동운명을 지닌 짝입니다.

언제나 신랑, 신부는 서로 사랑과 이해로 매력자본(Erotic capital)을 만들어 가는 노력을 멈추지 말아야 합니다.

매력자본은 유머 감각이 있고, 세련미가 있고, 호감도가 높고, 배우자를 편안하게 하는 기술을 말합니다.

신랑, 신부는 사랑을 행동으로 보여 주고 장점을 인정해 주고 칭찬해 줌으로써 매력을 더욱더 느끼게 해야 합니다. 부부는 서로 실수를 인정하고 부족한 점을 보완해 주어야 합니다. 부부 서로의 능력이나 소질도 서로를 위해서 발휘하면 함께 발전 할 수 있습니다.

둘째, 신랑, 신부는 언제나 대호쾌활(大好快活)하는 생활을 꾸려 가시기 바랍니다.

신랑, 신부는 항상 마음의 평화를 유지하여 늘 훈훈하고 화기 넘치는 부부가 되어야 합니다.

신랑, 신부의 마음이 평화로울 때 가정이 평화롭고 인화가 이루어지는 법입니다. 서로 더욱 사랑하여 인생의 즐거움 지수를 더욱 높여 가시기 바랍니다.

춘풍접인(春風接人)하고 금슬 좋은 부부가 되어야 합니다.

부부는 서로 살아가는 원칙을 사랑과 용서로 보여 주면서 항상 배려하고 정서적 공감을 얻을 수 있도록 노력하여야 합니다.

신랑, 신부의 결혼은 자유롭고 공개적인 결합으로 배우자로서 새로운 지위를 찾는다는 공식적인 선언의 의미를 가지게 됩니다.

결혼은 일대일로 맺는 협력관계로서 지속적으로 발전하는 과정이 되어야 합니다.

셋째, 자신의 직업에 더욱 소명의식을 갖고 그 분야에 전문적인 달인이 되시기 바랍니다. 신랑, 신부는 평생 공부하는 자세를 견지하고 서로 내조하고 외조 하는 부부가 되어야 합니다.

평생 동안 손에서 책을 놓지 않는 자세로 자신의 직업 분야에서 실력자가 되어 소원을 성취하시기 바랍니다.

오늘 새로운 인생의 장을 열어가는 신랑, 신부는 시간의 유능한 재단사, 존경받는 전문적인 달인이 되어 행복한 부부가 될 것을 확신합니다.

감사합니다.

　　다음의 문항에서 8가지 이상에 해당되면 서로 사랑하고 있다고 말해도 좋을 것이다.

　1. 우리는 '사랑해'와 같은 언어적 애정표현을 자주 한다.

　2. 우리는 마음속에 있는 이야기를 서로에게 잘 털어 놓는다.

　3. 우리는 서로의 활동에 관심을 보인다.

　4. 우리는 서로의 의견을 존중하거나 격려해 준다.

　5. 우리는 서로 같이 있으면 행복하다는 느낌을 받는다.

6. 우리는 이따금 선물을 주고받는다.

7. 우리는 포옹이나 키스 같은 사랑 표현을 자주 한다.

8. 우리는 서로를 위해 자신을 희생할 수 있다고 믿는다.

9. 우리는 서로 떨어져 있으면 보고 싶어진다.

10. 우리는 서로 눈을 마주치는 횟수가 많다.

부부는 사랑의 직장에 일꾼이다

먼저 양가의 성스러운 결혼을 진심으로 축하드립니다.

결혼생활은 아무리 애를 써서 잡아당겨도 내 귀퉁이가 반듯해지지 않는 침대 시트 같은 것입니다. 이와 같은 결혼생활을 성공적인 완성품으로 만들기 위하여 반드시 명심해야 할 세 가지 결혼생활의 지표를 주례사로 삼겠습니다.

첫째, 신랑 신부는 결혼에 대하여 비현실적인 기대를 갖기 쉬운데 이를 현실적 기대로 바꾸어야 합니다.

우리들 인간은 누구나 두 차례 부모를 떠나게 됩니다. 세상에 처음 태어나 탯줄이 잘릴 때 그리고 결혼으로 정신적 탯줄이 잘릴 때입니다. 인간은 결혼으로 자신의 부모에 대한 의존적 관계가 끝나고 대신 부부간의 상호협력과 의존관계가 시작되는 것입니다.

이제부터 신랑, 신부는 부모님의 뜻에 결코 어김이 없어야 하고 항상 온화하고 즐거운 낯빛으로 섬겨 나가시기 바랍니다.

　신랑, 신부의 결혼은 두 사람의 단순한 결합이 아니라 평생토록 사랑을 주고받기로 약속했으며, 결혼생활 동안 화목하고 서로 협조하며 신의를 지키겠다는 굳은 다짐을 했습니다.

　둘째, 신랑, 신부는 자기 전공분야에 정통하는 우수한 전문가가 되어야 합니다. 앞으로 미래 사회는 나날이 정보화, 전문화 사회가 되어 가고 있습니다. 신랑, 신부는 평생 공부하는 자세로 자기 전공분야를 계속 탐구하는 데 더욱 진력하시기 바랍니다.

　우수한 전문 능력을 갖춘 제1인자가 되시기 바랍니다.

　셋째, 결혼은 사랑을 향하여 계속 행진하는 웨딩마치입니다.

　결혼은 신랑, 신부가 하나 되기 위한 인격적 계약입니다.

　다이아몬드는 저 스스로 빛을 내지 못합니다.

　세공기술자가 정성을 다해서 다듬어야 합니다.

　그렇게 해야만 비로소 찬란한 빛을 내는 아름다운 보석으로서 가치를 발휘하게 됩니다.

　언제나 부부는 서로가 다이아몬드 원석이라 생각해야 합니다.

　그래서 신랑, 신부는 서로를 정성껏 깎고 다듬어 훌륭한 빛을 낼 수 있도록 온 정성을 다하는 보석 세공사가 되어야 합니다.

　사실상 부부는 완벽하게 한마음이 될 수가 없습니다. 남성과 여성으로서 차이가 있고, 성격 차이도 있고, 또 성장해 온 환경도 다르기 때문입니다. 서로 다른 남성과 여성으로 만나서 무엇이 다른

지 알고 이해하는 과정이 남편 되어 가기, 아내 되어 가기 입니다. 서로의 차이를 잘 이해할수록, 더욱더 좋은 남편, 좋은 아내가 되어 가는 것입니다.

신랑, 신부 두 사람은 앞으로 보다 더 건강하게 살겠다는 신념과 진실하게 살겠다는 신념 그리고 꼭 행복하겠다는 굳은 신념을 가져 주시기 바랍니다.

이런 신념을 두 사람이 함께 가지고, 서로 사랑하고 노력한다면 건강하고 행복한 백년해로를 누릴 것입니다.

오늘 신랑, 신부는 더욱 당당하고, 멋지고 아름답게 인생의 새로운 무대에 출전하시기를 기원합니다.

감사합니다.

.

1. 열등의식이 없다.

2. 부부 사이에 열린 대화가 있다.

3. 꾸준히 성숙을 위하여 노력한다.

4. 부부 서로를 잘 이해하려 노력한다.

5. 삶을 즐길 줄 안다.

6. 서로를 향해 정직하다.

7. 부부간의 예절을 지킨다.

8. 삶의 의미를 항상 느끼려고 노력한다.

9. 남편(아내)의 목표를 돕는 동반자가 된다.

10. 신앙관이 일치해 가도록 서로 신앙을 교류한다.

당신은 이 10가지 사항 중 몇 가지를 실천하며 살아가나요? 부부가 서로 점검해서 여러 가지를 지키고 살아가고 있음을 발견하시기 바란다.

주례사 14

부부는 조화적 공동체이다

오늘 새로운 인생의 출발점에 서 있는 신랑, 신부의 결혼을 축하드립니다.

지금부터 신랑, 신부는 최상의 친구, 그리고 영원한 신뢰의 관계가 되기로 서약하였습니다.

언제나 서로 격려하고, 상호 보완하면서 삶의 축복을 누리는 둘이 아닌 한 몸이 된 조화적 공동체가 되기로 만천하에 선언하였습니다.

이제 신랑, 신부의 결혼은 인생의 매우 중요한 제2 출발이므로 행복한 부부생활을 위한 세 가지 지표를 드리고자 합니다.

첫째, 부부생활은 헝클어진 실타래를 푸는 인내심이 필요합니다. 부부는 서로의 마음을 헤아려 주고 나보다 배우자를 먼저 배려해 주고 헌신하는 마음으로 사랑하여야 합니다. 부부 서로가 구속감을 느끼지 않으면서 같이 공존할 수 있을 때 평등부부가 됩니다. 배우자가 완전한 나의 소유라고 생각해서는 안 됩니다.

서로의 자존감을 최대한으로 존중하면서 조화를 이루고 맞추어 가도록 노력해야 합니다.

그렇게 할 때 바람직한 이상적인 부부가 될 수 있습니다.

둘째, 신랑, 신부는 배움과 용기와 결단을 가지고 거듭나야 합니다.

항상 지성과 감성이 공존하는 가정, 학습하는 가정,

합리적 의사결정을 하는 가정, 부드러운 의사소통이 이루어지는 가정, 지혜로운 가사분담이 이루어지는 가정을 건설하시기 바랍니다.

오늘 신랑, 신부의 결혼은 인생의 중요한 전환점으로 마라톤 경기의 출발선상에 서 있을 뿐입니다.

결승점에도 나란히 들어가는 멋진 인생의 동반자가 되시기 바랍니다.

셋째, 사이좋게 서로를 의지하기 바랍니다.

결혼은 지금까지 각자가 가지고 있었던 개성을 스스로 조절하여 사랑의 공동체를 만들어 가겠다는 굳은 약속입니다.

행복한 가정을 이루고 산다는 것은 신랑, 신부 두 사람의 한결같은 소망이 되어야 합니다.

지금부터 신랑, 신부는 '부부생활을 어떻게 할 것인가?', '가정을 어떻게 꾸미고 이끌 것인가?'를 부단히 공부하고 탐구하여 실천해

가야 합니다.

부부는 서로는 대등한 위치에서 서로 돕는 배필이 되어야 합니다.

부부생활이 지향하는 목표만 세우고 달려만 갈 것이 아니라 그 목표에 숨어 있는 가치가 무엇인지 알고 달려가야 합니다.

자동차도 정기적으로 튜닝을 해야 하고 화초에도 물과 거름을 줘서 가꿔야 하는 것처럼 좋은 부부관계를 위해서는 서로가 시간과 노력을 투자해야 합니다.

탈무드에는

"세상에서 가장 사랑받는 사람은 모든 사람을 칭찬하는 사람이요, 가장 행복한 사람은 감사하는 사람이다."라고 말하고 있습니다.

부부 서로가 건강하고 행복한 삶을 유지하기 위해서는 항상 감사하는 부부가 되어야 합니다.

두 분은 "감사합니다."라는 말을 생활화하시기 바랍니다.

부부의 행복은 감사하는 생활에 있습니다.

다시 한번 신랑, 신부의 결혼을 축하드립니다.

감사합니다.

노자의 곡신불사(谷神不死)

가뭄이 들어 세상이 모두 타들어 가도 마르지 않는 곳이 있다. 바로 계곡이다. 계곡은 세상의 모든 것이 말라도, 마르지 않는 정신을 갖고 있다. 가장 낮은 곳에 있기 때문이다. 낮은 곳으로 임하는 계곡의 정신이야말로 가장 강하게 살아남을 수 있는 경쟁력을 지닌 원천이다.

이 계곡의 정신을 노자(老子, BC 6세기경에 도가의 창시자)는 《도덕경(道德經)》에서 곡신(谷神)이라고 하였다. 곡신의 의미는 다양한 모습으로 존재한다. 강하고 딱딱한 모습보다는 부드럽고 유연한 모습이 중요하다. 《도덕경》은 부드럽고 겸손한 것이 강하고 교만한 것보다 경쟁력이 있다고 강조한다. 계곡의 정신은 마르지 않는다.

노자가 꿈꾸었던 위대함은 근엄하고, 군림하고, 강압적인 존재가 아니라 부드럽고, 낮추는 따뜻한 계곡의 정신이었다. 센 것이 오래 가고 경쟁력 있을 것이란 잘못된 생각이 팽배하고 있는 요즘, 부드러움과 낮춤의 계곡 정신이 어떤 시절보다 돋보이는 시대이다. 우뚝 선 산의 모습도 아름답지만, 자기를 낮추고 있는 계곡의 아름다움도 결코 이에 못지않다. 곡신불사(谷神不死)! 계곡의 정신은 죽지 않는다! 진정한 승자는 세월이 지나 봐야 드러나는 법이다.

주례사 15

결혼은 숭고한 사랑의 약속이다

신랑, 신부가 하객 여러분들의 축하 박수를 받고 이제 한 쌍의 부부로 탄생하였습니다.

오늘 지성과 아름다움을 겸비한 신랑과 신부의 인생의 새로운 출발에 진심 어린 갈채와 축복을 마음껏 선사합니다.

결혼은 숭고한 사랑의 약속이며 우리 인생에 있어서 가장 큰 사랑의 꽃이며 가장 귀한 예술품입니다. 이와 같은 결혼생활을 성공적인 걸작으로 만들기 위하여 반드시 명심해야 할 세 가지 결혼생활의 지침을 주례사로 대신합니다.

첫째, 가정은 신랑, 신부의 사랑을 제조하고 생산하는 직장임을 명심하시기 바랍니다. 이제 신랑, 신부는 사랑의 직장에 취직한 일꾼들입니다. 이제 서로 주는 사랑의 일거리를 통해서 더욱 애정을 키워 가기 바랍니다. 사랑은 너그럽게 주는 마음을 결심하고 행동으로 옮기는 것입니다. 사랑은 행복의 가장 중요한 요소입니다. 행복이란 요리는 서로 같이 만들어 먹는 상호 보완적인 산물입니다.

신랑, 신부는 언제나 신뢰하는 금슬 좋은 부부가 되시기 바랍니다.

둘째, 함께 만들어 가는 부부생활에서 가장 중요한 요소는 배우자에게 최고의 친구가 되어 주는 것입니다. 가장 굳건한 부부생활에서 배우자는 연인이며, 동반자의 역할뿐만 아니라 최고의 친구가 되어야 합니다. 부부는 함께 세월이 흐를수록 우정이 깊어지고 서로 닮아 가야 합니다. 특히 서로의 지성과 직관력 등이 비슷해져 가야 합니다. 심오하고 오랜 우정을 만드는 데는 많은 시간이 걸리게 되어 있음을 유의하시기 바랍니다.

부부가 서로에게 많은 시간을 함께 투자한다면 그 대가는 기대 이상으로 나타나게 되어 있습니다. 대개 부부생활이 굳건하고 친밀한 부부는 함께 많은 시간을 보내게 됩니다.

일반적으로 오래도록 행복하고 안정적인 결혼생활을 하는 부부들은 우정지수가 높습니다.

부부 사이에 우정지수를 더욱 높이려면 서로의 내면세계를 잘 알아야 합니다.

배우자가 무엇을 선호하고, 누구를 좋아하고 싫어하나, 그리고 어떤 꿈, 상처, 프라이드를 지녔는지 파악해야 합니다.

또한 부부 서로가 고마움을 자주 느끼고 표현하며, 배우자의 단점보다는 장점과 긍정적인 면을 파악하는 습관을 키워 나가야 합니다.

부부 사랑은 완성되지 않는 현재 진행형일 뿐입니다.

해를 거듭할수록 부부 사랑은 더욱 성숙해져 가야 합니다. 남편과 아내가 조화롭게 함께 이루는 삶처럼 풍요로운 것은 없습니다.

부부 사랑은 삼각형의 세 꼭짓점처럼 열정, 친밀감, 헌신으로 이루어져 있습니다.

세 꼭지 점이 서로 균형과 조화를 이룰 때 부부 사랑은 더욱 숭고해지는 법입니다.

셋째, 부부는 사랑과 이해로 늘 매력을 지녀야 합니다. 부부는 장점을 인정하고 칭찬해 주어야 합니다. 부부는 경쟁자가 아니라 단점을 보완해 주는 관계여야 합니다. 부부는 능력이나 소질도 서로를 위해서 쓴다는 태도가 필요합니다. 부부는 서로 희생하는 것이 아니고 봉사하고 섬기는 정신으로 살아야 합니다.

부부에게 가장 필요한 것은 격려와 칭찬입니다. 칭찬과 격려는 삶의 동력원이 됩니다. 인생은 어떤 안경을 끼고 보느냐에 따라 희극이 될 수도 있고 비극이 될 수도 있습니다.

배우자를 바라볼 때 긍정적으로 바라보면 장점을 보다 더 많이 발견할 수 있습니다. 배우자의 장점을 보고 칭찬하고 격려하는 일을 계속해야 합니다. 부부는 서로 단점과 결점이 덮어지도록 노력해야 합니다. 행복한 부부가 되는 일은 각자의 마음먹기에 달려 있습니다. 서로에게 칭찬하고 격려하는 일이 부부를 행복으로 이끌게 됩니다.

오늘 신랑, 신부는 더욱 당당하고 멋지게 새로운 인생의 무대에 출전하여 행복한 부부가 되시기를 기원합니다. 감사합니다.

우생마사(牛生馬死)

아주 넓은 저수지에 말과 소를 동시에 던져 넣으면 둘 다 헤엄쳐서 물 밖으로 나온다. 말의 헤엄 속도가 훨씬 빨라 거의 소의 두 배의 속도로 땅을 밟는데 네 발 달린 짐승이 무슨 헤엄을 그렇게 잘 치는지 보고 있으면 신기하기도 하다. 그런데, 장마기에 큰 물이 지면 이야기가 달라진다. 갑자기 불어난 물에 소와 말을 동시에 던져 보면, 소는 살아서 나오는데, 말은 익사를 한다.

그 이유는 말은 헤엄은 잘 치지만 강한 물살이 떠미니까 그 물살을 이겨 내려고 물을 거슬러 헤엄쳐 올라가려 한다. 1미터 전진하다가 물살에 밀려서 다시 1미터 후퇴를 반복한다. 한 20분 정도 헤엄치면 제자리에서 맴돌다가 지쳐서 물을 마시고 익사해 버린다. 그런데 소는 절대로 물살을 위로 거슬러 올라가지 않는다. 그냥 물살을 등에 지고 같이 떠내려간다. 저러다 죽지 않을까 생각하지만, 10미터 떠내려가는 와중에 1미터 강가 쪽으로 가는 것을 반복하다가 한 2~3킬로미터 내려가서는 강가의 얕은 모래밭에 발이 닿고 나서야 엉금엉금 걸어 나온다. 신기한 일이다. 헤엄을 두 배나 잘 치는 말은, 물살 거슬러 올라가다 힘이 빠져 익사하고 헤엄이 둔한 소는 물살에 편승해서 조금씩 강가로 나와 목숨을 건진다. 바로 이것이 그 유명한 소는 살고 말은 죽는다는 '우생마사'

이다.

　인생을 살다 보면 일이 순조롭게 잘 풀릴 때도 있지만, 어떤 때는 일이 아무리 애써도 꼬이기만 한다.

　어렵고 힘든 상황일 때 흐름을 거스르지 말고 소와 같은 지혜를 가져야 한다.

주례사 16

부부사랑은 온전히 주는 것이다

오늘 명문가의 초빙을 받아 결혼식의 주례를 서게 된 것을 크나큰 영광으로 생각합니다. 신랑, 신부에게 축복의 말을 건넬 수 있게 된 것을 매우 기쁘고 의미 있게 생각합니다.

특히 같은 대학 커플의 탄생을 축하하고, 매우 자랑스럽게 생각합니다.

먼저 신랑, 신부의 사랑의 증언이 되신 양가의 혼주와 내빈 여러분들에게 감사의 인사 올립니다.

결혼은 주체적인 인격간의 계약 관계이며 인격 대 인격의 결합입니다.

신랑, 신부께서는 확고한 결혼생활 계획을 가지고 계시겠지만 결혼생활은 이상이 아닌 현실이기 때문에 결혼생활이 더욱 감미롭고 행복하게 하는 데 필요한 세 가지 지표를 드리겠습니다.

첫째, 신랑, 신부는 동료적이고 이타적인 사랑의 불씨를 더욱 키워 나가시기 바랍니다. 부부가 사랑한다고 해서 소유한다든지 자기 생각, 내 고집을 내세워 배우자를 간섭 억압하려 들면 사랑은 성립되지 않습니다. 부부가 서로 이해하고 존중할 때 건전한 사랑은 꽃피울 수 있습니다.

부부사랑은 온전히 주는 것입니다. 늘 같은 방향을 바라보는 것입니다. 그리고 더욱 성장시켜 가는 것입니다.

부부 사랑은 낭만적인 사랑으로 시작하여 동료적 사랑으로 승화되어 구체화되어집니다. 동료적 사랑은 상호 존중하고 상호 의존하고 상호 간에 목표를 공유하는 것입니다. 그래서 부부가 상호 신뢰하는 것입니다.

둘째, 부드러운 의사소통과 많은 애정 표현을 하면서 행복을 만들어 가시기 바랍니다.

사랑과 존경을 기반으로 한 의사소통을 하면서 부부 서로가 더욱 친밀하고 만족스러운 관계를 형성해 가시기 바랍니다.

의견 충돌이 있을 때 원만하게 해결하는 부부가 바로 잉꼬부부입니다.

이 지상에서 가장 아름다운 것은 부부간의 금슬과 사랑입니다. 신랑, 신부는 서로 부족하기 때문에 하나가 되었다는 것을 인식하고 서로 너그러운 대화, 사랑스러운 대화로 행복이 넘치는 부부, 헌신하는 동반자가 되시기 바랍니다.

행복한 결혼생활을 할 수 있는 공식은 변할 수 있고, 변화를 이겨 내는 인내심이 있어야 합니다.

결혼은 신랑, 신부가 스스로 만들어 가는 행복의 여정입니다. 그 여정 중에 불만족을 만나기도 하고, 선택의 여행지에 당도하기도 하고 또한 항복하기에 이르기도 합니다. 그때 포기할 줄 알아야 합니다.

셋째, 신랑, 신부는 서로 격려하고 지지 위로하는 태도를 생활화하여야 합니다.

부부는 서로 부족한 부문을 채워 주고 힘들 때 위로해 주는 쌍방 관계입니다.

부부는 상호증여하고 상호 교환하는 관계이며 상호 호혜적 관계입니다.

부부는 땅과 같고, 산과 같은 최고의 친구가 되어야 합니다.

부부는 경쟁의 대상도 아니고 소유의 대상이 되어서는 더욱 안 됩니다. 단지 건전한 자아를 찾아 가는 동행인, 반려자, 동반자가 되어야 합니다.

다시 한번 혼인을 축하합니다.

감사합니다.

1. 운동을 하라.

운동할 때, 30분을 넘지 않도록 하고, 일주일에 세 번 정도 이상 운동하라.

2. 좋았던 일을 떠올려라.

하루에 좋은 일을 다섯 가지 정도 적어 가면서 좋았던 일을 떠올려라.

3. 대화를 나눠라.

한 주간에 한 시간만이라도 누군가와 진지한 대화를 나눠라.

4. 식물을 가꾸어라.

화초를 정성껏 가꾸면서, 화초와 대화를 하라.

5. TV 시청 시간을 현재보다 절반으로 줄여라.

6. 미소를 지어라.

내가 늘 만나는 사람뿐만 아니라, 낯선 사람, 잘 웃지 않는 사람에게도 미소 지어라.

7. 하루 한 번 이상 문안 전화를 하라.

부모님, 자녀에서부터, 내 안부를 기다리고 있을 자에게, 기회를 놓치지 말고, 안부를 물어라.

8. 하루 한 번쯤은 큰 소리로 웃어라.

빙그레 웃는 것 말고, 비웃는 것 말고, 내 몸이 알아듣고, 행복을
느낄 만큼 큰 소리로 웃어라.

9. 매일 자기 자신을 칭찬하라.

칭찬할 일을 찾아 참 잘했다고 자신을 칭찬하라.

10. 매일 그 누군가에게 친절을 베풀라.

그 친절이 결국 나에게 행복으로 돌아온다.

주례사 17

부부는 '한글의 자음과 모음' 같다

오늘처럼 복된 길일을 택해서 성대히 거행되는 신랑, 신부의 결혼을 진심으로 축하드립니다.

부부는 '한글의 자음과 모음' 같다는 정의가 있습니다. 매우 인상적입니다. 이 말이 지닌 깊은 뜻은 '떨어져 있으면 의미가 없지만 합치면 여러 가지 아름다운 소리를 내고 때로는 불협화음을 내는 사이'라는 것을 말해 주고 있습니다.

여러 가지 아름다운 소리들은 식재료라고 한다면 불협화음은 양념 같은 것이라는 것입니다.

따라서 부부는 '덕분에' 또는 '때문에' 살아가는 존재이기도 하지만 '그럼에도 불구하고' 살아가는 존재가 되어야 합니다.

부부 서로가 언제나 불협화음의 가치를 알 때 행복이란 이중주를 연주할 수 있습니다.

신랑, 신부는 이제부터 결혼은 새로운 삶과의 만남이며 새로운 삶의 길로 가는 위대하고 거룩한 의식임을 명심하시기 바랍니다.

그래서 결혼은 아름다운 삶의 요람이고 행복 그 자체가 되어야 합니다.

그러기 위해서는 부부는 서로를 존중하고 아끼고 사랑하고 구속하지 말고 너그러운 이해로 모든 것을 해결하고 도모하는 노력이 있어야 합니다.

결혼은 언제나 내 곁에서 나를 지지해 주고 인정해 주고 믿어 주고 사랑해 주는 세상에서 가장 든든한 친구를 얻는 멋진 의식이고 기회입니다.

부부가 사랑한다는 것은 배우자와 마주하는 것이 아니라 배우자와 같은 방향을 바라보는 것입니다.

행복한 결혼생활의 근본적인 조건은 부부가 공통의 목표를 갖는 것입니다.

부부 서로는 반려자의 의식을 가지고 목표를 달성하기 위해 최선의 노력을 기울여야 합니다.

특히 부부가 서로 성공하기를 원한다면 우선 배우자가 성취하고자 하는 인생의 목표를 세우도록 협력해야 합니다.

그리고 그 계획에 참여하여 함께 걸어가야 합니다.

성공하는 부부가 되기 위한 출발점은 일단 배우자를 존재하는 그대로 받아들이는 데 있습니다.

보란 듯이 잘 사는 것이 부부 성공이며 인생의 성공입니다.

"하루를 살아도 행복할 수 있다면 나는 그 길을 택하고 싶다."라는 노랫말도 있습니다.

어차피 함께 살 것이라면 하루를 살아도 행복하게 사는 것이 부부 서로에게 유익합니다.

부부의 인연은 어쩌다 만나고 헤어지는 그런 인연이 아닙니다.

불경에서는 삼생연분(三生緣分)이라고 해서 전생(前生), 지금(今生), 그리고 죽은 후 저세상(後生)에서도 인연을 맺게 되는 게 부부라고 합니다.

후생에서 서로 눈 흘기는 사이가 되지 않기 위해서라도 금생에서 성공적인 부부가 되기 위해 많은 노력을 기울여야 합니다.

결혼을 다시 한번 축하드립니다.

감사합니다.

어느 날 몇몇 제자들이 고대 그리스의 철학자 소크라테스(Socrates, 기원전 470년경~기원전 399년 5월 7일)에게 물었다.

"인생이란 무엇입니까?" 소크라테스는 그들을 사과나무 숲으로 데리고 갔다. 때마침 사과가 무르익는 계절이라 달콤한 과육향기가 코를 찔렀다. 소크라테스는 제자들에게 숲 끝에서 끝까지 걸어가며 각자 가장 마음에 드는 사과를 하나씩 골라 오도록 했다. 단, 다시 뒤로 되돌아갈 수 없으며… 선택은 한 번뿐이라는 조건을 붙였다. 학생들은 사과나무 숲을 걸어가면서 유심히 관찰한 끝에… 가장 크고 좋다고 생각되는 열매를 하나씩 골랐다. 학생들이 모두 사과나무 숲의 끝에 도착했다. 소크라테스가 미리 와서 그들을 기다리고 있었다. 그가 웃으며 학생들에게 말했다. "모두 제일 좋은 열매를 골랐겠지?" 학생들은 서로의 것을 비교하며 아무 말도 하지 않았다. 그 모습을 본 소크라테스가 다시 물었다. 왜? 자기가 고른 사과가 만족스럽지 못한가 보지?" "선생님, 다시 한번만 고르게 해 주세요." 한 제자가 이렇게 부탁했다. "숲에 막 들어섰을 때 정말 크고 좋은 걸 봤거든요. 그런데 더 크고 좋은 걸 찾으려고 따지 않았어요. 사과나무 숲 끝까지 왔을 때야 제가 처음 본 사과가 가장 크고 좋다는 것을 알았어요."

다른 제자가 급히 말을 이었다. "전 정반대예요. 숲에 들어가 조금 걷다가… 제일 크고 좋다고 생각되는 사과를 골랐는데요. 나중에 보니까 더 좋은 게 있었어요. 저도 후회스러워요." "선생님, 한 번만 기회를 더 주세요." 다른 제자들도 약속이나 한 듯 이렇게 말했다. 소크라테스가 껄껄 웃더니… 단호하게 고개를 내저으며 진지한 목소리로 말했다. "그게 바로 인생이다. 인생은 언제나 단 한 번의 선택을 해야 하거든."

살면서 수없이 많은 선택의 갈림길 앞에 서지만, 기회는 늘 한 번뿐이다. 순간의 잘못된 선택으로 인한 책임은 모두 자신이 감당해야 한다. 중요한 것은 한 번뿐인 선택이 완벽하길 바라는 일이 아니라, 때로는 실수가 있더라도 후회하지 않고 자신의 선택을 끌어안는 일이다. 오늘 나의 불행은 언젠가 내가 잘못 보낸 시간의 보복이다.

결혼은 영육쌍전의 계약이다

녹음이 짙어 가는 좋은 날을 맞이하여 신랑, 신부가 백년해로할 화촉을 밝히게 된 것을 진심으로 축하드립니다.

신랑, 신부가 품위 있는 생활을 활기 있게 잘 이끌어 갈 자신감에 넘쳐 있습니다.

주례는 신랑, 신부에게 세 가지 부부생활의 지침을 드리겠습니다.

첫째. 신랑, 신부는 이제 오늘의 이 결혼을 시작으로 인생의 새로운 출발점이라는 각오와 의욕을 가지고 결혼생활을 꾸려 가시기 바랍니다.

짧은 인생은 허송하면 더욱 짧아지게 되는 법입니다. 항상 순간 순간의 시간이 매우 소중함을 깨달아야겠습니다. 시간은 황금보다 더 값진 것입니다.

새로운 마음으로 결의를 다져 품격 높은 부부생활을 설계하여 실천하시기 바랍니다.

신랑, 신부의 결혼은 양성의 결합이며 정신적이고 육체적인 완전한 조화 작업이라 할 수 있습니다.

그러므로 결혼은 신랑, 신부의 영육일치(靈肉一致), 영육쌍전(靈肉雙全)의 계약입니다. 신랑 신부는 이제 인생의 동행자, 반려자로 서로 사랑하고 도와주고 격려하는 동반자가 되어야 합니다.

에리 프롬은 "사랑이란 관심을 가지고, 존경하는 것이고, 책임을 지는 것이고, 이해하는 것이고, 주는 것"이라고 말했습니다. 부부는 상이한 개성과 취향을 가진 두 사람이 만나 결혼으로 맺어진 관계입니다. 언제나 현실적으로 기대를 조정하는 노력이 항상 필요합니다.

둘째. 부부생활은 스스로 만들어 가는 행복의 여정이자 다른 생각을 가진 두 개인의 '두레공동체'임을 기억하시기 바랍니다. 마치 삶과 결혼은 그네 타기와 같습니다. 그네를 타면 기쁨과 슬픔, 사랑과 미움. 희열과 권태 사이를 부단히 왕래하게 됩니다.

이 세상에서 누구보다도 부부는 서로 가장 소중하고 의미 있는 존재입니다.

행복이 우리 인생의 궁극적인 목표라 할 때 행복의 구성 요건의 첫째는 건강입니다. 보다 더 규칙적인 생활을 하고 평생 좋아하는 운동을 하여 강력한 남편, 강건한 아내가 되시기 바랍니다.

행복의 두 번째 요소는 경제적으로 풍요로워져야 합니다. 모든 금전관리는 합리적이고 철저하게 하시기 바랍니다. 축전보다 용전이 어렵고, 창업보다 수성이 어려운 것입니다. 경제적으로 여유롭게 살도록 열심히 노력하시기 바랍니다. 그리고 행복은 값진 정신적인 생활을 영위할 때 완성 됩니다. 평생 학습의 자세로 책을 항상 가까이하는 태도를 생활화하시기 바랍니다.

셋째. 화목한 가정을 만들어 가는 데 최선을 다해 주시기 바랍니다.

가정은 신랑, 신부를 둘러싸고 있는 가장 자연스러운 공동체이며 집단입니다. 가족 간의 관계의 질이 더욱 높아지도록 노력하시기 바랍니다. 가정의 구성원은 식구(食口)들입니다. 어버이는 자녀를 사랑하고, 자녀는 부모에게 효도(孝道)하고, 형제자매는 서로 우애(友愛)해야 합니다. 이런 사랑과 화목이 있는 가정에서 생활하는 가정 구성원은 마음이 따뜻하고 너그러우며 자기 일에 성실하게 됩니다.

가정에서의 이타적이고 희생적인 사랑이야 말로 가정을 밝게 하고 나아가서는 이웃과 사회에 인정미가 샘솟고 넘치게 합니다.

이제부터 신랑, 신부는 남편답게, 아내답게 당당하게 살아가시기 바랍니다.

새로운 인생의 무대에서 신랑, 신부는 더욱 사랑하여 즐거운 인생을 펼쳐 가시기 바랍니다.

감사합니다.

1. 내면에 잠든 힘을 깨워라.

– 순수잠재력의 법칙(The Law of Pure Potentiality)

　자신의 본성에 대한 깨달음 속에 이미 모든 꿈들을 이룰 수 있는 능력이 있다.

2. 아낌없이 주라.

– 베풂의 법칙(The Law of Giving)

　주면 주는 만큼 더 많이 받는다. 실제로 삶에서 가치 있는 것들은 베풂을 통해 배가 된다.

3. 뿌린 대로 거두리라.

– 업 혹은 인과의 법칙(The Law of Karma or Cause and Effect)

　모든 행위는 어떤 에너지의 힘을 발생시키고, 그 에너지는 그대로 다시 우리에게 돌아오나니… 뿌린 대로 거두게 된다.

4. 때가 오면 모든 것은 무르익는다.

– 최소 노력의 법칙(The Law of Least Effort)

　이 법칙은 자연의 지성이 애쓰지 않고 자연스럽게, 초연하며 태평스럽게 작용한다는 사실을 토대로 한다. 최소 행위, 무저항의 법칙인 셈이다.

5. 마음의 씨앗을 뿌려라.

- 의지와 소망의 법칙(The Law of Intention and Desire)

  순수한 잠재력이라는 비옥한 땅에 하나의 의지를 심으면, 이 무한한 조직력이 우리를 위해 움직이게 할 수 있다.

6. 집착을 버려라.

- 초연의 법칙(The Law of Detechment)

  초연함 속에는 불확실성의 지혜가 있고, 불확실성의 지혜 속에는 과거부터의 자유와 이미 알고 있는 것으로부터의 자유가, 과거의 제약이라는 감옥으로부터의 자유가 있다.

7. 인생의 목표를 세워라.

- 다르마의 법칙(The Law of Dharma or Purpose in Life)

  누구에게나 타인들에게 베풀어야 할 고유한 재능이나 특별한 능력이 있다. 이 고유한 재능을 타인에 대한 봉사와 결합하면 우리 영혼의 환희와 절정을 경험할 수 있으며, 이것이 바로 모든 목적들 중에서도 으뜸인 궁극의 목적이다.

부부는 파트너(partner)이다

오늘 신랑, 신부가 일 년 중에 제일 좋은 길일을 택하여 이루어지는 이 성스러운 결혼을 진심으로 축하드립니다.

지금부터 신랑, 신부는 행복한 가정의 설계사가 되어야 합니다. 신랑, 신부에게 행복한 부부생활을 위한 세 가지 참고 지표를 드립니다.

첫째, 부부의 사랑을 통해서 신랑, 신부는 가장 가치 있는 감정적인 경험을 자주 가지시기 바랍니다.

부부의 사랑은 서로에게 만족감을 가져다줍니다. 사랑을 주고받지 않으면 부부의 영혼과 정신은 메말라 가기 마련입니다. 진정으로 사랑한다는 것은 배우자의 모습을 있는 그대로 존중하는 것입니다. 사랑은 서로를 해방시키는 것이지 소유하는 것이 아닙니다.

부부의 사랑은 배우자의 있는 모습 그대로 수용하고 존중하면서 그저 자신의 길을 걸어갈 수 있는 자유를 부여하는 것입니다.

결혼은 부부 둘의 미학입니다.

신랑, 신부 두 사람이 일생 동안 아름다운 한 폭의 그림을 그려 훌륭한 가정이라는 창작품을 만들어 가야 합니다.

아름다운 한 폭의 그림을 그리려면 우선 평생이라는 시간의 화폭이 있어야 합니다.

거기에 부부 사랑이라는 꽃방석을 그리고, 서로가 서로를 항상 이해하고, 서로가 서로를 최고로 알고, 서로가 서로를 감싸 안아 주고, 서로가 서로를 감사해 주면서 살아가는 그림을 그려야 합니다.

둘째, 부부관계는 백자 항아리처럼 언제나 조심스럽게 다뤄야 하는 보물이 되어야 합니다. 부부관계는 백자 항아리처럼 오래되고 손때가 묻었을 때 그 진가를 발휘하게 됩니다. 백자 항아리가 값이 나가기 위해서는 오랜 기간 갈고닦아야 하듯 부부관계도 적당할 때 기름을 치고 가꾸어야 하는 사이가 되어야 합니다. 백자 항아리가 금이 가면 그 효용성은 반감될 뿐만 아니라 절대로 그 원상을 회복할 수가 없습니다.

부부관계를 항상 조심스럽게 다루는 노력이 절대 필요합니다.

성공적인 부부생활은 서로에게 갖고 있는 사랑에 의해서 결정됩니다.

남편과 아내는 배우자의 약점을 찾아보라고 각 가정으로 보내진 스파이(spy)가 아니라, 배우자의 부족한 파트(part)를 메워 덮어 주라고 각 가정으로 보내진 파트너(partner)입니다.

삶에 힘겨워하는 반쪽이 축 처진 어깨를 하고 있을 때 나머지 반쪽이 주는 격려의 말 한마디는 행복한 가정을 지탱하는 든든한 기둥이 될 것입니다.

신랑, 신부는 가정의 근본 목적은 부부가 상호 존중하고 존경을 나누는 데 있음을 명심하시기 바랍니다.

그리고 모든 일은 대화를 통해 공감대를 창출하여 상호 보완적 관계를 만들어 가시기 바랍니다.

배우자에게 항상 필요한 존재가 되고 배우자를 알고 배우자의 입장에 서서 아량을 통해 인화하는 부화부순(夫和婦順)하고 화기(和氣) 넘치는 부부가 되시기 바랍니다.

인간은 미완의 존재입니다. 부부 서로가 혹시 실수나 과오가 있으면 관용하는 자세로 격려하고 위로하는 동고동락하는 부부가 되시기 바랍니다.

셋째, 신랑, 신부는 참된 부부애를 가져야 합니다. 이 지상에서 가장 아름다운 것은 부부간의 금슬과 화합입니다.

부부는 서로 전적으로 헌신하는 반려자, 배우자가 되어야 합니다.

신랑, 신부는 서로 부족하기 때문에 하나가 되었다는 것을 인식하시고 너그러운 외조, 사랑스러운 내조로 행복이 넘치는 부부가 되시기 바랍니다.

부부간 사랑은 관심의 다리입니다. 부부애를 적극적으로 표현 전달하여 더욱 사랑을 창조하고 가꾸어 나가야 합니다.

신랑, 신부는 멋진 부부가 되시기 바랍니다.

감사합니다.

인류 역사상 가장 긴 역사를 가지고 내려오는 유대인들이 가르치는 결혼을 위한 교훈에는 이런 말이 있다.

"한 남자와 한 여자가 결혼을 하게 되면 세 주일은 서로가 서로를 관찰하고 석 달은 서로 사랑하고 삼년은 서로 싸우고 삼십년은 서로 화해한다."

이런 말은 하루아침에 이루어지는 것이 아니다.

오랜 세월이 주는 교훈이라고 한다면 결혼은 결국 두 부부가 화해하는 생활임을 가르치고 있다.

화해할 수 있는 자세가 되어 있지 않고는 결혼은 성립될 수 없다는 말이다.

화해를 해야 한다는 말은 서로가 서로를 상처 내는 인간적인 불화가 전제되어 있는 뜻이라고 생각한다.

그러니 부부 일체는 희생의 결합이고 그 희생은 하나의 영원한 행복을 창조하는 내용이라 사료된다.

주례사 20

부부는 사랑의 협력자이다

오늘 신랑, 신부의 결혼은 숭고한 사랑의 역사입니다. 두 분의 멋지고 경건한 결혼을 진심으로 축하합니다.

신랑, 신부의 결혼은 평생을 함께할 배우자와 일가(一家)를 이루는 거룩한 의식이며 감격의 순간입니다.

신랑, 신부가 더 아름다운 돕는 배필이 되도록 세 가지 교훈을 드려 주례사로 삼고자 합니다.

첫째로, 결혼은 한 사람의 남성과 한 사람의 여성과의 전체적이고 조화적인 공동체임을 잊지 마시기 바랍니다.

신랑, 신부의 결혼은 삶의 모든 영역, 인생의 전 과정의 완전한 혼합과 결합입니다.

가정은 서로 사랑하며 돕겠다는 계약으로 결합된 평생 단체이므로 부부생활에서 참다운 일치가 이루어져야 합니다.

신랑, 신부는 이제부터 모든 노력을 통하여 서로 결합하여 일치를 만들어 내는 관계임을 명심하시기 바랍니다.

행복한 가정은 저절로 만들어지는 것은 아닙니다.

부부가 함께 만들어 가는 의지적 노력의 부산물입니다.

신랑, 신부는 서로 사랑스러움을 가꾸는 정원사가 되어야 합니다.

가정은 부부가 잠시 동안만 손대지 않아도 잡초가 무성해지기 쉽습니다.

부부 서로는 항시 살고 있는 가정을 위하여 사랑의 물을 뿌리고 위로와 격려의 가위로 손질하여 아름답고 보기 좋은 정원으로 만들어 가도록 전심전력하시기 바랍니다.

둘째, 신랑 신부는 사랑의 동지, 사랑의 협력자가 되어야 합니다.

결혼은 두 사람이 하나가 되어 새로운 인생을 개척해 나가는 전환점입니다.

부부생활은 이상이 아니라 현실입니다. 아름답고 낭만적인 감미로움보다 복잡하고 잡다한 일들이 쉴 새 없이 이어지게 됩니다.

신랑, 신부 두 사람은 서로의 생활을 통합하고, 서로의 목적을 합치하고, 그리고 서로의 존재의 일치를 만들어 내야 합니다.

셋째, 신랑, 신부는 서로 희생과 헌신을 필요로 하는 사랑의 관계가 되어야 합니다.

부부의 일치는 신랑과 신부 사이에 존재하는 자연적 보완성에 그 뿌리를 내리고 자신의 생활 계획, 가진 것과 됨됨이를 나누려는 인격적 노력을 통해서 성장합니다.

부부는 언제나 진실하고 성실한 신뢰 관계, 서로 존경하는 관계가 되어야 합니다.

부부 두 사람이 힘을 합쳐 하나가 되면 그 힘은 큰 상승효과가 일어납니다.

1+1=2는 수학공식이지만 1+1=1은 부부공식입니다.

이 공식은 부부가 어떻게 힘을 합쳐 나가느냐에 따라

1도 될 수 있고 2와 4 또는 8도 될 수 있는 엄청난 시너지효과가 생기게 됩니다.

다시 한번 신랑 신부의 혼인을 축하하고

부디 신랑, 신부는 가장 친한 친구, 다정다감한 동반자, 배우자가 될 것을 확신합니다.

감사합니다.

1. 배우자의 이야기를 묵살하지 말고 경청하라.

2. 배우자의 결점이나 잘못을 먼저 거론하지 말고, '나'를 주어로 표현하라.

3. 언어의 뜻이 잘 전달되도록 얼굴 표정, 몸짓, 목소리 등의 신체적 언어를 잘 활용하라.

4. 제3자를 빗대어 말하지 말고 배우자에게 원하는 바를 정확히 전달하라.

5. 메시지가 정확히 전달되었는지 확인하고 배우자의 신호를 되받아 주어라.

6. 피상적이고 관습적인 또는 모호한 단어를 의도적으로 사용하지 말아라.

7. '문제', '왜', '만일' 등의 부정적인 언어를 사용하지 말아라.

8. 감정을 섞지 말고 정보전달을 하거나 질문을 하고, 전달이 잘 되었는지 확인해 보아라.

9. "~을 하라"보다는 "어느 것을 하겠는가?"라고 하여 선택의 기회를 주어라.

10. 배우자를 지나치게 비판하거나 무시하지 말고 자기 존중감이 세워지도록 하여라.

11. 칭찬과 감사의 표현을 자주 사용하여라.

12. 지나간 일을 들추어내어 함께 비난하지 말아라.

13. 배우자를 배려해 주어라.

14. "당신 화난 것 같은데요?" 하는 식으로 배우자의 상태를 점 검해 주어라.

15. 시간과 장소를 적절히 선택하라. 논쟁거리는 잠들 무렵. 식 사 시작할 때는 피하는 것이 좋다.

16. 본질적인 문제에 집중하여 무엇에 관해 싸우고 있는지 스스 로 분석하라.

17. 변화 요구에 대해 협상하며 양보, 타협 등을 통해 목적이 달 성되도록 흥정의 기술을 키워라.

18. 부부간에는 무조건 이기려고 애쓰지 말고 서로가 만족스러 운 선에서 타협하고 끝맺도록 하여라.

부부생활은 2인 3각 경기이다

먼저 양가의 성스러운 결혼을 진심으로 축하드립니다.

옛부터 혼인은 인륜대사(人倫大事)라 했고 신랑, 신부의 이성지합(二姓之合)은 백복지원(百福之源)이라 했습니다.

오늘 신랑, 신부의 새로운 출발에 진심 어린 갈채와 축복을 마음껏 선사합니다.

흔히 결혼생활을 2인 3각 경기와 같은 것으로 비유합니다. 이와 같은 결혼생활을 성공적인 완성품으로 만들기 위해서 반드시 명심해야 할 세 가지 결혼생활의 지표를 제시하여, 주례사로 대신합니다.

첫째, 신랑, 신부는 사랑은 너그럽게 주는 결심이고 행동임을 명심하시기 바랍니다.

신랑, 신부의 부부 사랑은 행복의 가장 중요한 요소입니다. 항상 사랑하여 화기(和氣)가 넘치는 부부, 부화부순(夫和婦順)하는 금슬

(琴瑟) 좋은 부부가 되어야 합니다. 배우자를 나의 남편, 나의 아내라는 자기중심적인 생각에서 벗어나 배우자를 한 인간으로 바라보아야 합니다.

부부 서로는 자기만의 길, 자기만의 시간, 자기만의 결정, 자기만의 선호를 누릴 수 있도록 배려하고 존중하는 자세를 지녀야 합니다.

동양 고전인 중용에는 군자지도 조단호부부(君子之道 造端乎夫婦, 학덕을 닦아 훌륭한 인격자가 되는 군자의 도리는 부부에서 시작한다)라 했습니다.

둘째, 이제 신랑, 신부는 다정한 친구이고 사랑스런 연인이 되어야 합니다. 부부 서로가 힘이 되어 주고 안락한 보금자리가 되어 주어야 합니다. 부부 서로는 영원한 친구처럼 편안함과 자상함으로 이끌어 주고 위로와 희망의 등불이 되어 주어야 합니다.

부부 서로는 항상 다정한 연인처럼 가슴을 쓰다듬어 주고 살포시 보듬어 안아 주어야 합니다.

부부 서로 가슴의 뜨거움이 가슴에 와닿을 때 더욱 편안함을 느끼게 됩니다.

동양의 대표적인 성인인 공자(孔子)는 유익한 벗으로 정직한 사람을 벗하고(友直), 성실한 사람을 벗하고(友諒), 박학다식한 사람(友多聞)을 강조하고 있습니다.

이처럼 신랑, 신부 서로는 늘 서로 정직하고 성실하고 박학다식한 친구가 되도록 노력하시기 바랍니다.

셋째, 신랑 신부는 이제부터 기대치를 낮추고 인간적 고충이나 속 깊은 얘기를 들을 수 있어야 합니다.

부부는 잘 말하기 위해 대화하지 말고 잘 듣기 위해 대화하여야 합니다. 배우자 말에 화가 치밀더라도 한번 참고 좀 더 많은 얘기를 할 수 있게 하여야 합니다. 부부는 항상 "당신은 할 수 있어요.", "당신을 믿어요."라는 따뜻한 위로의 말을 건네면 신뢰하는 감정을 공유할 수 있습니다.

그리고 부부는 늘 적극적으로 애정 표현을 해야 합니다. 표현하지 않는 애정은 전달되지 않습니다.

부부는 사랑받고 싶은 정서적 욕구가 채워지지 않으면 서로의 불만은 쌓이고 실망은 더해 갑니다.

부부는 언제나 서로 주인 노릇을 하여야 합니다. 결코 소도구나 부속품으로 처신하지 말아야 합니다. 어디서나 어떤 일 속에서도 늘 주체적이며 창의적인 주인공으로 살아가야 합니다. 지금부터 함께 살아가는 배우자가 이 세상에서 가장 소중한 동반자입니다.

부부는 서로 이해하고 존중하고 양보하여 화기애애하게 살아가야 합니다.

오늘 신랑, 신부 두 분이 꾸미는 가정에 행복이 충만하시길 기원합니다.

대단히 감사합니다.

──── 공자(孔子, B.C. 551~B.C. 479)의 군자(君子) ────

　군자는 전체적으로 조화된 전인(全人)이다. 군자는 인덕(仁德)과 지성을 겸비한 조화로운 인격체를 이룬 전인적 인격의 소유자이다. 맡은 바의 부분적인 구실밖에 못한다면 군자라 할 수 없다.

　군자는 마음에 인(仁)을 두고 행위에 의(義)를 중시하는 실천인이다. 실천인으로서의 군자는 의(義)에 기반을 두고 예(禮)의 실천에 관심을 둔다. 군자의 내적 수양은 학문에 있고, 외적 수양은 극기복례(克己復禮)에 있다. 예(禮)는 인(仁)을 실현하는 근거로써, 인(仁)에 뜻을 둔 군자에게 있어서 예(禮)의 실천은 곧 생활의 전부로서, 특히 언행의 일치를 강조한다.

　군자는 평생 인(仁)을 추구하는 인간 형성의 과정에 있는 도상인(途上人)이다. 군자는 완성된 자가 아니라 항상 '자기의 나갈 길을 찾는' 자이다.

　공자는 자기 자신을 선천적 천재라고 생각하지 않고 어디까지나 수학(修學)과 노력으로 향상하고자 애써 온 과정으로 자신을 설명하고 있다. 그러므로 군자는 인(仁)에 뜻을 둔 도상인(途上人)으로서 정진하고 형성 중에 있는 학습자이고 호학자(好學者)라고 할 수 있다. 군자는 평생을 구학(舊學)과 구도(求道)에 뜻을 두고 제자를 가르치는 지도성의 소유자이다.

군자는 수기(修己)와 안인(安人)을 동시에 지닌 인격자이다.

주례사 21선

ⓒ 정홍기, 2020

초판 1쇄 발행 2020년 12월 21일
    2쇄 발행 2023년 4월 20일

지은이   정홍기
펴낸이   이기봉
편집   좋은땅 편집팀
펴낸곳   도서출판 좋은땅
주소   서울특별시 마포구 양화로12길 26 지월드빌딩 (서교동 395-7)
전화   02)374-8616~7
팩스   02)374-8614
이메일   gworldbook@naver.com
홈페이지 www.g-world.co.kr

ISBN   979-11-6649-109-2 (03190)